ちくま文庫

国マニア

世界の珍国、奇妙な地域へ!

吉田一郎

本書の記載内容は、各種報道媒体・研究文献・公式HPなどを基にしておりますが、出典により相違が生じる場合があります。また国際情勢は日々変化し続けているため、現状と異なることがありますことをご了承ください。

はじめに　国を数えるのも、楽じゃない

さて、冒頭からいきなりクイズ。東アジアには果たしていくつの国があるでしょう？

「そんなの中学生レベルの問題だよ！」と言われそうですが、日本政府の公式見解では、日本と韓国、モンゴル、中国の四つの国となっていて、外務省のホームページにもそう書いてあります。ついでに他の国からの視点で見てみると、こうなります。

韓国政府の見解　四（日本、韓国、モンゴル、中国）
北朝鮮政府の見解　三（北朝鮮、モンゴル、中国）
モンゴル政府の見解　五（日本、韓国、北朝鮮、モンゴル、中国）
中国政府の見解　五（日本、韓国、北朝鮮、モンゴル、中国）
台湾政府の見解　一（中国ただし中華民国）

ちなみに台湾政府によれば、日本と韓国は付き合いのない国（国交のない国）で、北朝鮮は存在せず（朝鮮半島は韓国領）、台湾という国も存在せず（「中華民国」という名の中国だから）、中国大陸に加えてモンゴルも自国領土の一部だとか。

なんだか各自が好き勝手なことを主張しているようなので、もっと公平そうな国連に判断

してもらいましょう。国連加盟国は日本、韓国、北朝鮮、モンゴル、中国の五つ。ただし一九九一年までは韓国と北朝鮮は加盟していなかったので三つだったし、七二年までは国連でいう「中国」とは中華人民共和国ではなく、台湾政府（中華民国）のことでした。国の数を数えるのに、国連加盟を基準にするのもアテにならなさそうですね。ついでに他の国際組織などで見るとこうなります。

APEC＝アジア太平洋経済協力会議に加盟　五（日本、韓国、中国、台湾、香港）
WTO＝世界貿易機関に加盟　七（日本、韓国、モンゴル、中国、台湾、香港、マカオ）
オリンピックに出場　七（日本、韓国、北朝鮮、モンゴル、中国、台湾、香港）
ワールドカップに出場　八（日本、韓国、北朝鮮、モンゴル、中国、台湾、香港、マカオ）
独自通貨を発行　八（日本、韓国、北朝鮮、モンゴル、中国、台湾、香港、マカオ）
パスポートを発行　八（日本、韓国、北朝鮮、モンゴル、中国、台湾、香港、マカオ）

そういえば、郵便切手やパスポート（渡航証明書）は、一九七二年まで沖縄でも独自に発行していました。となると、やっぱりこれは自分で「独立国だぞ！」と名乗りを挙げていることを尊重するのが一番いいかもしれません。

独立国と主張する政府がある　七（日本、韓国、北朝鮮、モンゴル、中国×二、東トルキスタン）

中国×二とは中華人民共和国と中華民国のことです。東トルキスタンとは、中国の新疆ウイグル自治区のこと。二〇〇四年にアメリカで独立を掲げた亡命政府ができました。亡命政府といえばダライ・ラマ一四世がノーベル平和賞をもらったチベットの方が有名では?と思うでしょうが、チベット亡命政府は中国からの独立は主張していないのです。

う〜ん、日本の周りの地域なのに、いったいいくつ国があるのかよくわからない……。

「国」とは一体何なのか、何を基準に考えたらいいのか、この本を読みながら改めて考えてもらえたら幸いです。

目次

第二章　国の中で独立するもうひとつの国

第四章　常識だけでは判断できない珍妙な国・地域

第五章　かつてはあったこんな奇妙な国・地域

図版作成：(株)東京印書館

国マニア

世界の珍国、奇妙な地域へ！

第一章
小さくても立派にやってる極小国家ベストテン

潜在的〝国民〟は一〇億人以上⁉ 世界最小の大国家
バチカン市国

■人口：七九一人（二〇〇八年）／首都：バチカン／面積：〇・四四㎢

世界最小の国家といえば、ご存じバチカン市国。面積〇・四四㎢、日本の皇居の三分の一強だから、市国といっても都市国家とはとうてい呼べない狭さで、サン・ピエトロ大聖堂やローマ法王が暮らすバチカン宮殿、バチカン美術館などが建ち並ぶカトリックの総本山。このほかにも、バチカンが所有する教会や施設、別荘などはローマ市内や郊外に散在していて、イタリア政府から治外法権を認められているが、これらはあくまでイタリアの領土で、バチカンの飛び地ではない。

バチカンの国家元首は、ローマ法王（日本のカトリック組織では「ローマ教皇」）で、法王の公務執行機関でありカトリック教会の最高機関がローマ法王庁だ。首相に相当するのは国務長官で、その下に総務部（内務省）や外務部（外務省）があるが、バチカン市国の行政は、法王庁の一部局であるバチカン政庁と、それを統括するバチカン市国委員会が担当している。ローマ法王庁には、このほか九つの聖省や評議会、裁判所などの部局があるが、こちらはカトリック教会の統率などを行なう宗教組織。法王庁が親会社なら、バチカン市国は子会社という関係だ。

バチカン市国は世界一七八カ国と外交関係を結び、主権国家として承認されているが、バチカンが派遣する代表は、国家の代表なのか宗教組織の代表なのかが曖昧で、例えば東京にある大使館は、バチカン市国大使館ではなくて「在日ローマ法王庁大使館」。国連には正式加盟せず、投票権を持たないオブザーバーとして参加しているが、バチカン市国としての参加ではなく、ローマ法王と法王庁を総称する聖座（Holy See）の代表として出席している。バチカン市国に政教分離を求めるのは無理というものだが、宗教組織が「国家」という地位を手に入れて、その特権を利用しているともいえる。

一方で、日本政府がバチカンに開設している大使館は「在バチカン日本大使館」という名称だが、住所はバチカンではなくイタリア領内。バチカンの領土はあまりに狭いので、ほとんどの国がイタリア領内に大使館を置いているのだ。

バチカンの住民はローマ法王はじめほとんどが聖職者。バチカン市国や法王庁では三〇〇〇人の職員が働いているが、大部分はイタリアに住んでいて、毎日バチカンへ通勤している。バチカン国籍というのもあるが、バチカンで生まれ育った人に与えられるのではなく、法王や枢機卿《すうきけい》など法王庁の高官や衛兵、外交担当の職員などが取得している。現任の法王ベネディクト一六世はドイツ人だし、二〇〇五年四月に亡くなった前任のヨハネ・パウロ二世はポーランド人で、バチカン国民のほとんどは二重国籍だ。

バチカン国籍を取るのは、もっぱらバチカンのパスポートを使用して海外を訪問するため。また海外を行き来するには、イタリアの空港や港、鉄道などを使わなくてはならないが、バチカンのパスポートを所持していれば、入国審査なしでイタリア領内を通過できる。バチカン国籍は、法王庁での役職を辞めたら原則として返上しなくてはならない。

バチカンに軍隊は存在しないが、法王の身辺を警護する一〇〇人のスイス人衛兵がいる。ミケランジェロがデザインしたという中世スタイルの派手な服を着て、観光客の人気を集めているが、なぜスイス人なのかといえば、一五二七年に神聖ローマ皇帝軍がローマを略奪した時に、スイス人の兵士が身を挺《てい》して法王の避難を助けたから。この時スイス兵は一八九人のうち一四七人が犠牲になり、その勇猛果敢さが認められて衛兵はスイス人になった。いわばイギリス軍のグルカ兵のような傭兵《ようへい》で、応募資格は地元司祭の推薦を受けたカトリック信者の男子に限られている。

現在はミニ国家のバチカンだが、かつてローマ法王は教皇領と呼ばれる広大な領土を支配していた。教皇領は七五一年にフランク王国のピピン三世が即位した時に、法王がその王位を認めたため、お礼にランゴバルド王国からラヴェンナ地方を奪って五年後に法王へ寄進したのが始まり。しかし一八七〇年にイタリア統一を目指すサルディニア王国が教皇領に攻め込み、ローマを占領してここを首都にした。これ以降、ローマ法王は代々「バチカンの虜《りょ》囚《しゅう》」と自称してバチカンに引き籠もっていたが、一九二九年にムッソリーニ政権が法王庁とラテラノ条約を結んで和解した。これによって、法王庁はイタリアによって不当に占領されたと主張していた旧教皇領の領有権を放棄する代わりに、イタリアは法王庁の象徴的な領土として主権国家「バチカン市国」を認め、教皇領の併合に対する補償としてバチカンに財政的な援助を与えることになった。

バチカンとイタリアとの関係は良好かといえば、時にはぎくしゃくすることもある。最近ではローマ郊外にあるバチカン放送局の送信塔から、イタリアの国内法を上回る強力な電波が出され、周辺住民に白血病が多発していることが問題になった。イタリア側はバチカン放送局に電波の出力を下げることを要求したが、バチカン側は「放送施設は治外法権だ」とこれを拒否。二〇〇五年五月にイタリアの裁判所で放送局の責任者である枢機卿と神父に有罪判決が下された。バチカン放送局は四〇カ国語で全世界向けの放送を行なっていたが、この裁判に関連してか、最近ではインターネット放送へ切り替えつつあり、かつてＢＣＬ（海外短波放送）ブームだった頃に人気を集めた日本語放送も、二〇〇一年には廃止されている。

バチカンは面積では世界最小の国とはいえ、国際社会における影響力では、日本などをはるかに凌ぐ。バチカンの人口は一〇〇〇人に満たなくても、カトリック信者という潜在的な国民は一〇億人以上だし、衛兵は一〇〇人しかいなくても、法王が統率する聖職者は一〇〇万人。領土という枠を取り払えば、世界最大級の「大国」なのだ。

殿様商売と思いきや、意外に時代をつかんだ商売上手

モナコ公国

■人口：三万三〇〇〇人（二〇〇七年）／首都：モナコ／面積：二・〇二㎢

モナコといえばカジノに自動車レース、そしてアメリカの女優グレース・ケリーを妃に迎えたレーニエ三世大公と、なにかと華やかなイメージのある国だが、面積わずか二・〇二㎢で、皇居の二倍弱という世界第二の小国。海岸線に沿って東西に長く、南北は歩いても五分足らずで横断できてしまう。これでも近年せっせと埋め立て工事をして領土を広げた結果で、本来の陸地は一・五㎢ほど。あまりに土地が狭いので、一九九九年には鉄道を地下化して土地を空かせるなど涙ぐましい努力も続けている。

モナコは周囲をぐるりとフランスに囲まれていて、条約によって防衛、通貨、関税などもフランス任せ。それどころか、大公の即位にはフランスの承認が必要で、男子後継者がいなければフランスに併合されるという規定もあった。いわばフランスに生殺与奪権を握られた格好だったが、逆になぜフランスに併合されず、独立国として存在し続けることができたのだろう？

モナコの建国は一二九七年に遡る。モナコは古代フェニキア人の時代から貿易港として栄えていたが、一三世紀にはジェノバが要塞を築いて支配していた。やがてジェノバで神聖ローマ帝国（ドイツ）派とローマ法王派の争いが起きると、修道僧に扮した法王派のフランソワ・グリマルディが要塞に潜入して占領し、この功績でグリマルディ家はモナコの領主として認められた。「剣を持った修道僧」の姿はモナコの紋章に描かれ、要塞のあった場所には今では王宮が建っている。

その後のモナコは、外交手腕を駆使して領土を少しずつ広げていったが、一七八九年のフランス革命では、フランスの他の領主たちと同様に、グリマルディ家の領地は市民軍によって没収されて、フランスに併合されてしまう。ナポレオン失脚後の一八一五年のウィーン会議では、ヨーロッパ各国の間でモナコの独立が認められたが、その代わりモナコはイタリアのサルディニア王国の保護国とされた。

サルディニア王国は一八四八年、それまで小国が分立していたイタリアの統一に乗り出し、モナコはこの時領土の大半をサルディニア軍によって占領された。進退窮まったモナコは、一八六一年にサルディニアに占領された部分をフランスへ四億フランで割譲。こうしてイタリアとフランスに翻弄《ほんろう》され続けたモナコは、イタリアとの境を接した部分を切り捨てて、フランスに身を委ねることでかろうじて独立を守ったのだ。

しかし代償も大きかった。フランスに割譲した部分はそれまでのモナコ領の実に九五％に及んだ。つまり王宮の周りだけを残して領土を失ってしまったわけで、危機に瀕したモナコの財政再建のために、当時の大公シャルル三世が手がけたのが、温泉リゾートとカジノをオープンして観光客を呼ぶこと。つまりカジノの建設自体が、モナコにとっては大きな賭けだったのだ。

温泉はさっそく冬の避寒地として人気を集めたが、カジノの来場者は当初は一年に一〇〇〇人にも満たなかった。そこでハンブルクからカジノ経営者を招いて運営を任せ、高級ホテルやカジノ庭園、カジノシアターを併設したゴージャスな施設に一新。こうして貴族や芸術家、芸能人や富裕層などがモナコを訪れるようになり、ヨーロッパ随一の高級リゾートとしての地位を確立し、冬になるとヨーロッパの社交界がモナコに引っ越してくるといわれるまでの賑わいを手に入れた。

第二次世界大戦では頼みの綱のフランスがドイツに降伏したため、モナコは一時イタリアに占領されたが、戦後再び独立を回復。グレース・ケリーとの結婚をはじめ、大公一家自らが世界中になにかと話題を振りまいて、モナコの広告塔となっている。一般観光客が増える一方で、カジノ目当ての客は減ったが、閉鎖されたカジノの跡地にコンベンション施設をオープンしたり、自動車レースをはじめ、大公主催の舞踏会やオペラ、映画祭、演奏会、スポーツ大会、サーカス、花火など、一年中絶え間ないイベントを開いたりで、集客の多様化に成功。時代の変化にうまく対応したテーマパーク経営のような国家運営の成果で、かつてモナコの財政を支えたカジノからの収入は、現在では四％に過ぎない。

モナコはまた「税金のない国」としても有名だ。カジノで潤い始めた一八六九年から個人の所得や資産に対する課税をなくし、現在では所得税、市民税、固定資産税、相続税などがタダ。法人税もモナコ中心で営業している限り払う必要がない。ただし買い物にはフランスと同じく一九・六％の付加価値税（消費税）がかかる。同じく「税金のない国」として知られるアンドラは、付加価値税がないので安く買い物ができる国としてフランスの庶民に人気だが、モナコは付加価値税なんかより所得税や相続税が気になる資産家にとっての天国だ。

国籍取得のハードルは高く、モナコの銀行に数億円の預金が必要だといわれている。「モナコに半年以上住まなくてはならない」という規定もあるが、高級マンションばかりのモナコの家賃相場は道路一つ隔てたフランスの二倍から三倍で、金持ちしか住めない国なのだ。モナコの人口のうち、四七％がフランス人で、生粋のモナコ人は五二〇〇人ほどに過ぎない。

日本ではローマ法王死去のニュースに隠れてあまり報道されなかったが、五五年間の長きにわたって王位に就いていたレーニエ三世大公は、二〇〇五年四月に八一歳で亡くなった。レーニエ三世はモナコをフランスの属国から脱却させようと努力して、一九九三年には国連加盟を果たしたが、フランスに生殺与奪権を握られていた王位継承の規定も改めて、女子にも王位継承を認め、王位継承者が絶えるとフランスに併合される条項を削除した。とりあえずモナコ亡国の憂いは脱したようだ。

そして二〇〇六年一二月には、モナコは日本と国交を結んだ。それまで国連加盟国で日本と国交がなかった国は、北朝鮮とモナコだけ。ただし北朝鮮と違って、日本政府はモナコを国家として承認していたが、〇五年までモナコは外国と国交を結ぶにはフランスの事前許可が必要で、欧州の数カ国としか「正式なお付き合い」を認められなかったのだ。

国がまるごと音信不通になった、とんでもない島

ナウル共和国

■人口：一万〇一三一人（二〇〇六年）／首都（非公式）：ヤレン／面積二一・一㎢

南太平洋に浮かぶナウル共和国は、面積は東京都港区とほぼ同じで、島一つだけの国。バチカン、モナコに次ぐ世界で三番目に小さい国だ。人口一万人強のうちナウル人は五八％で、残りは出稼ぎの外国人。町と呼べるような場所もなく、世界で唯一、公式の首都すらない国でもある。

そんな小さな国が独立してやっているのは特別な産業があるからで、バチカンは宗教で、モナコはカジノで潤っていたが、ナウルは島全体が燐鉱石《りんこうせき》の山。ようするに鳥のフンが何万

年も積み重なったものだが、それが長い間にサンゴのカルシウムと化合して極上の肥料になった。その燐鉱石を輸出して、ナウルの一人あたりのGDPはアメリカやドイツ並みと世界有数のレベルに達していた。「いた」という過去形がミソ。

ナウルにはもともとナウル人が住んでいたが、一八世紀末にイギリスの捕鯨船が「発見」してから、新たな病気が持ち込まれて激減。一八八八年にマーシャル諸島の一部としてドイツ領になり、一九〇六年からドイツとイギリスの合弁会社が燐鉱石の採掘を始めた。

第一次世界大戦でドイツが負けると、海外の植民地はすべて放棄することになり、新たに設立された国際連盟のもとで、ナウルは一九二〇年からイギリスとオーストラリア、ニュージーランドの三カ国による委任統治領になった。とはいえ、当時のオーストラリアはイギリスから自治権を認められた連邦、ニュージーランドは自治領で、完全な独立国ではなかった。三カ国による共同統治の形を取ったのは、背景に燐鉱石の配分問題があったから。三カ国は独英合弁の鉱山会社を買収して、新たな英国燐鉱委員会（BPC）を設立したが、買収にあたっての出資比率がイギリス四二%、オーストラリア四二%、ニュージーランド一六%で、その比率に応じて燐鉱石が格安で輸出されることになった。BPCは三カ国から派遣された弁務官が運営したが、実際のナウルの行政はオーストラリアに任されていた。

太平洋戦争中、日本軍がナウルを占領して燐鉱石を日本へ輸出しようとしたが、戦況悪化で輸出できないまま敗戦。戦後は国際連合の下で改めて三カ国による信託統治領となったが、一九六八年にナウルは独立して共同統治は終了。燐鉱山も一九七〇年にBPCから国営の鉱山会社へ引き継がれた。

二〇世紀初めに燐鉱石の採掘が始まってから、ナウル人は鉱山会社から土地使用料や木の伐採許可料などを受け取るようになり、ほとんど働かなくてもよい生活を送っていた。鉱山で働く労働者は中国人や他の島からの出稼ぎ労働者ばかり。独立前は燐鉱石の輸出価格に比べてナウル人に支払われる金額は微々たるものだったが、それでも海外から輸入された食糧を購入して暮らすだけの金はもらえた。戦時中の日本の記録でも、ナウル人は遊ぶか、寝るか、飲み食いするか、魚を捕るかの生活をしている——そうで、当時からほとんど働いていなかったようだ。

そしてナウルが独立すると、燐鉱石輸出の莫大な利益がナウル人に転がり込むようになった。税金や教育費がタダなのはもちろん、国民には年金が支給されて何もしなくてもお金がもらえる。ナウル人は魚も捕らなくなり、三度の食事すらも中国人が経営するレストランですませて料理さえ作らないようになり、行政はすべて西サモアなどから雇ってきた外国人に任せ、「働いている国民は、一八人の国会議員くらい」とまでいわれる国になった。

ところが、島の燐鉱石に限りがあるのは当然のこと。二〇世紀末には掘り尽くしてしまうといわれていただけに、ナウル政府ではオーストラリアにオフィスビルを建てたり（ナウルハウス）、航空会社を作ってみたり（ナウル航空、一時は鹿児島や那覇へも飛んでいた）、グアム島にホテルを建ててみたり（経営は全日空ホテルへ委託）して、新たな収入源を得ようとしたが、運営は外国人任せの放漫経営で、どれも失敗。それならと、ナウルの国籍（パスポート）を販売したり、ペーパーカンパニーの銀行設立を認めたりして、オフショアの金融センターにしようと試みたが、マネーロンダリングに格好の場所となったため、アメリカ政府の目の敵にされて中止。オーストラリアが受け入れたアフガン難民やイラク難民を引き受けて収容料を稼ごうとしているが、おかげで島のホテルは難民で満室となり、観光客が入国できなくなってしまった。

そうこうしている間にいよいよ燐鉱石が枯渇。二〇〇三年早々には賃金未払いが続いた出稼ぎ労働者が暴動を起こし、難民たちも「早くオーストラリアへ移住させてくれ」と暴動を起こす。病気治療のためアメリカで入院していた大統領は死に、政情不安が続くなかで大統領官邸が襲われ、たった一台あった国際通話が可能な電話機が壊れたため、一時は「国ごと音信不通」というわけのわからない状態になってしまった。

島の大部分は鉱石を掘った跡の巨大なクレーターで、人が住めない不毛の土地。見かねたオーストラリア政府が「ナウル人全員にオーストラリアの市民権をプレゼントする」と申し出たのに、ナウルの新大統領は「ナウル人としてのアイデンティティがなくなってしまう」と断った。

かくして数年前まで世界有数の経済水準を誇ったナウルは、世界各国からの援助に頼って取りあえず生き延びている。台湾政府と断交して中国と国交を結んだかと思えば、中国から一億三〇〇〇万ドルの援助を引き出したところで再び台湾と国交を結んだりと、援助のためなら何でもありの無節操外交も展開している。

日本政府も二〇〇五年に「経済構造改善の推進に必要な商品を輸入する代金」として一億円の無償援助を決めたが、ナウルでは以前、国民に「せめて魚でも捕ろう」と呼びかけて魚市場を作ってみたものの、魚を売りに来る人がいなくて失敗した前科も。

一〇〇年近く遊び暮らし、糖尿病に罹《かか》った国民の比率が世界一高いといわれるナウル人たちが、「体を動かさないと生活できない」と悟る日は来るのだろうか？

映画ではない、現実に起こりつつある「国土沈没」

ツバル

■人口：九六五二人（二〇〇六年）／首都：フナフティ／面積：二五・九㎢

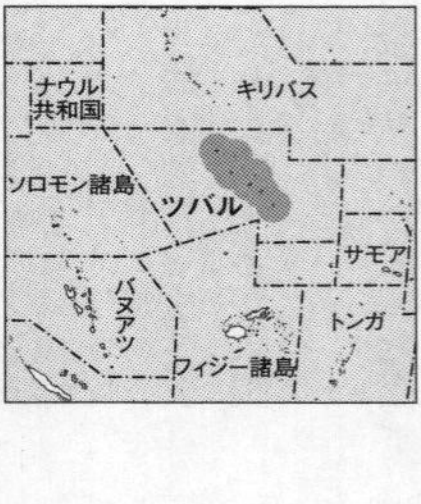

数年前にもリバイバルしたが、四〇年ほど前『日本沈没』という映画や小説が大ブームを巻き起こした。地殻変動で日本列島が海中に没してしまうことがわかり、日本政府は国民す

べての海外移住を決断。首相が国連で「一人でも多くの日本人を受け入れてください」と頭を下げるが、一億人の難民受け入れに各国が侃々諤々《かんかんがくがく》している間に、日本はブクブク沈み始めて——という話だったが、今、現実に海に沈みゆく国が南太平洋の島国・ツバル。原因は地殻変動ではなく、地球温暖化による海面上昇だ。

ツバルという国名は「八つから成る」という意味。一九七八年にイギリスから独立した時に、人が住んでいた島が八つだったので付けられたネーミングだが、現在では有人島は九つ。五〇〇㎞の範囲に散らばっていて、面積は全部合わせても品川区並み。人口は約一万人だ。

南太平洋の島というと、観光客で賑わうリゾート地というイメージがあるが、ツバルには小さな国営ホテルが一軒とゲストハウスが数軒あるだけで、島民たちは基本的に畑でタロイモを作り、海で魚を捕って自給自足の生活を続けている。首都フナフティに空港があり、国民の半数近くが住む島は細長い環礁《かんしょう》の島で、島の幅は広いところで七〇〇m、細いところでは一〇mもない。

ツバルは一八九二年にイギリスの保護領に、一九一五年には植民地となったが、その当時はエリス諸島と呼ばれ、北側のギルバート諸島（現：キリバス共和国）と一緒に統治されていた。戦後、南太平洋でも独立国が生まれるなか、イギリスはエリス諸島だけの独立では自立不可能と思っていた。しかしミクロネシア系が住むキリバスに対して、ツバル人はポリネシア系。ツバルは「民族が違うので単独で独立したい」と住民投票を実施して分離した。

案の定、国民は自給自足でとりあえず食べていけても、国家としての財政運営は難しい。ツバルの外貨収入は、ナウルの燐鉱山や船員としての出稼ぎ労働者からの送金、日本や韓国漁船からの入漁料、それとコレクター向けの切手販売など。それをイギリスやオーストラリア、ニュージーランドの拠出を仰いで設立したツバル信託基金（後に日本と韓国も協力）による財テクの運用益で補っている。もちろん先進国からの援助も頼みの綱。ツバルは英連邦に加盟し、エリザベス女王を国家元首にして、オーストラリアやニュージーランド同様に国旗の左上にはユニオンジャックをあしらっているが、一九九三年にイギリスが援助を渋ると、国旗を変更してユニオンジャックを外してしまったこともある（一年後に復活）。

ツバルから一〇〇〇人、つまり国民の一割弱が出稼ぎに行っていたナウルの燐鉱山は、ここ数年で掘りつくされてしまい、リストラされたツバル人が続々と帰国。ツバル経済はピンチに晒《さら》されかけたが、それを救ったのがインターネットだった。映像配信サイトに人気を呼びそうなツバルのカントリー・ドメイン［tv］の使用権をアメリカ企業に売り渡し、一二年間で五〇〇〇万米ドルもの収入を手にすることができた。これはツバルの国家予算の三年分以上に相当する額だ。

ツバルは火山島ではなく、珊瑚礁《さんごしょう》が隆起してできた島。だから首都フナフティのある島で平均標高は一・五m、最も高い場所でも三・六mしかない。地球温暖化で海面が上昇するといってもせいぜい年に数センチのペースだし、ツバルが沈むまでに数十年はかかるだろうから、その間にドメインを売った資金で堤防を築けばいいんじゃないの？　とも思うが、現実にはツバルに波が押し寄せて沈むわけではない。地面から海水が湧き出て沈んでしまうのだ。

ツバルの土は、珊瑚や砂がほとんどだから水を通しやすい。周囲の海面が上昇すれば、いくら堤防を築いて波を防いだところでムダ。実際にここ数年、満潮時には島の中央部でも地盤の低いところで海水が湧き出て、洪水のような状態になっている。浸水した畑ではイモが塩分にやられて腐ってしまい、井戸も使えなくなった。海水の温度上昇で魚の数も減りつつある。島が海中に姿を消すまでには数十年の余裕があっても、食糧や水が自給できなくなり、島での生活が不可能になるのは時間の問題なのだ。

ツバル政府では二〇〇〇年に「全国民の海外移住」という苦渋の決断をして、オーストラリアやニュージーランドと交渉を始めた。オーストラリア政府は「海面上昇がまだ実証されていない」とツバル人の受け入れを拒否したが、ニュージーランド政府は労働移民という形で、二〇〇二年から毎年七五人のツバル人を受け入れる制度をスタートさせた。しかし地球温暖化による「環境難民」の受け入れではないから、ニュージーランドへ移住できるのは、年齢や英語能力、職業能力などの厳しい審査をパスした人だけに限定される。つまりツバルを支える働き盛りで能力がある人たちだけがさっさと移住してしまい、高齢者や能力に乏しい人たちだけが残されるわけで、これでは国家としての維持は困難になってしまう。

「私たちは親族がここで溺れて亡くなるのを承知で、この国を出るわけにはいかない」と悲痛なアピールをしていた当時のタラケ首相は、京都議定書の批准を拒否したアメリカやオーストラリアの石油、石炭、自動車、タバコなどの関連企業を相手取り、二酸化炭素の排出を促し、地球温暖化と海面上昇を招いたとして損害賠償を求める訴訟を起こすと発表した。これによって得た金で、オーストラリアから手頃な大きさの島を購入して、全国民が国ごとそこへ引っ越そうという考えだったらしい。しかし二〇〇二年の総選挙でタラケ首相は落選して退陣。その後ツバルでは政権交代が相次いで、訴訟の準備はなかなか進展していない。

満潮時の浸水被害が年々ひどくなるなかで、ツバル政府は大国や大企業を相手にあの手この手で生き残りの努力をしているが、国民のなかには絶対に島が沈むわけはないと頑なに信じている人も少なくないとか。ツバル人のほとんどは敬虔《けいけん》なキリスト教徒で、曰《いわ》く「かつて神が大洪水を起こし、ノアを救った時に、二度と洪水を起こさないと約束した」と。先進国が出す温室効果ガスのせいで無辜《むこ》のツバル人が祖国を失ってしまうのでは、神はいずこ⁉という思いだろう。

※もっとも、ツバルが沈みゆく原因には、首都フナフティへの急激な人口の集中（約五〇〇〇人）や、それに伴う埋め立てや土木工事の増加で珊瑚礁が破壊された面もある。

イタリア統一のため、統一されなかった世界最古の共和国

サンマリノ共和国

■人口：二万六四三二人（二〇〇六年）／首都：サンマリノ／面積：六一・二㎢

イタリア北東部の山の中にあるサンマリノは、現存する世界最古の共和国だといわれている。面積は六一・二㎢で、世田谷区より一回り大きい。住民のほとんどはイタリア人で、言語もイタリア語。食糧やエネルギーはもちろん、経済のほとんどはイタリアに依存している。通貨も以前はイタリア・リラが使われていたが、現在ではユーロが流通。サンマリノはEUに加盟していないが、欧州議会の取り決めに基づいてユーロを使用しているのだ。またイタリアとの間に国境の壁があるわけでもなく、入国審査なしに行き来している。

イタリアにおんぶにだっこのような形で存在しているサンマリノだが、なぜイタリアの一部にならず、今日までこの小さな国が生き延びることができたのだろうか。

三〇一年のこと、麓のリミニの町で働いていたマリーノという石工が、ローマ皇帝ディオクレティアヌスによるキリスト教徒迫害を逃れるために、ティタノ山の岩窟で隠遁《いんとん》生活を始めた。やがてマリーノは聖マリーノ、つまりサンマリノと呼ばれる聖者となり、信者たちが

山に集まって共同体を作るようになった――というのが建国にまつわる伝説だ。

サンマリノの共同体は、一〇世紀にティタノ山一帯を領有していた公爵の支配から離れ、一二六三年に最初の法令を公布。一二九一年にはローマ法王から独立を認められた。その後、さまざまな大国や小国、はたまた教会勢力がサンマリノを支配しようと軍勢を送り、三回にわたって占領されたこともあったが、住民たちはそのたびに山頂に砦を築いて抵抗し、険しい岩峰に守られて独立を守った。その一方で法王から周囲の村を与えられたり、村人たちが自らサンマリノに合流したりして領土を少しずつ広げ、一四六三年に現在の大きさになった。一六三一年にはローマ法王から改めて独立を認められている。

一八世紀末にヨーロッパを席巻したナポレオンは、イタリア半島占領の後にサンマリノへ使者を送り、自分の支配に服すれば領地を広げてやると申し出たが、サンマリノ側がそれを拒絶。ナポレオンはサンマリノの毅然とした態度に感心して、大砲四門と小麦を贈った――というエピソードもあるらしい。ナポレオン戦争後に開かれた一八一四～一五年のウィーン会議でも、各国の間でサンマリノの独立が再度確認されている。

さて、中世にはいくつもの国に分立していたイタリア半島では、一九世紀半ばにサルディニア王国を中心に、統一国家の建設を目指す運動が始まった。後に「イタリア統一の英雄」と呼ばれるジュゼッペ・ガリバルディは、一八四九年にオーストリアが支配していたミラノやベネチアを奪おうとして敗れ、サンマリノに一時匿《かくま》ってもらった。ガリバルディは一八六一年にナポリやシチリア島を征服して、イタリア王国を完成させるが、翌年サンマリノは「統一への功績」によってイタリアと友好善隣条約を結び、引き続き独立国としての地位を保証された。つまりサンマリノはイタリアの統一を助けたため、イタリアに統一されずに生き残ったということ。

「最古の共和国」だけあってサンマリノの政治体制はユニークだ。大統領に相当する執政が二人いる二人元首制で、執政は大評議会（議会）で互選されるのだが、任期はわずか半年で、連任は不可。ということは一年に四人、一世紀だと四〇〇人が執政の座に就くわけで、世界で最も国家元首になりやすい国だといえる。これは権力の独占を防ぎ、お互いをチェックし合うための知恵で、共和制が長く続いたのはこの制度のおかげだろう。首相は存在せず、三人の長官が二人の執政を補佐している。

大評議会は定数六〇で、二〇世紀前半までは貴族、地主、平民の代表それぞれ二〇人ずつで構成されていた。議員は終身制で、欠員が出ると残り五九人で話し合い、同じ階級から適任者を招き入れるという仕組みだった。だから共和制でも選挙は行なわれず、長老たちによる寡頭《かとう》政治で、いわば古代ローマやベネチア共和国のような貴族共和制が続いていた。

しかし一九二〇年代にイタリアでムッソリーニのファシスタ政権が誕生すると、貴族共和制は終焉を迎える。サンマリノではムッソリーニに共鳴した住民たちが、サンマリノ・ファシスタ党を結成して、封建的な寡頭政治を批判して民主化を要求。こうして行なわれた選挙の結果、ファシスタ党が実権を握り、イタリアとの一体化が進められ、サンマリノの独立も危ぶまれた。

第二次世界大戦でサンマリノは中立の立場を採ったが、一九四三年にムッソリーニの政権が崩壊すると、ドイツ軍がサンマリノを占領し、連合軍が爆撃。もはや住民が砦に立て籠もってもサンマリノを守れる時代ではなくなっていた。現在のサンマリノには正規の軍隊は存在せず、城塞警備隊や大評議会衛兵、憲兵隊、民兵隊などがあるだけだ。

かつてサンマリノは高原での農業と牧畜で自給自足の生活を続け、ワインやチーズが特産品だった。財政は苦しく、イタリア政府からの補助金に頼っていた時期もあって、二〇世紀初めにはアメリカやアルゼンチンへ移住する人も相次いだ。そこでミニ国家仲間のモナコがカジノで潤っているのを手本にして、サンマリノでもカジノを開こうという話が取りざたされたが、政府は喧騒さを嫌って拒絶。コレクター向けに切手を発行して、一時は国家財政を支える収入源になった。

現在のサンマリノはもっぱら観光で身を立てていて、GDPの半分を稼いでいる。毎年四月と一〇月に行なわれる華やかな執政の交代式とパレードは観光の目玉になっている。かつては麓のリミニから登山電車が走っていたが、今はすでにない。もし廃止せずにSLでも走らせていたら、もっと客を呼べたかもしれない。

そういえば、モナコ・グランプリに対抗して、サンマリノ・グランプリと銘打ったF1レースが開催されているが、実際にレースが行なわれる場所はサンマリノではなく、なぜかイタリアのイモラだ。

「一国一城の主」の夢をかなえた、ちょっとわがままな公爵
リヒテンシュタイン公国

■人口：三万三七一七人（二〇〇五年）／首都：ファドーツ／面積：一六〇㎢

スイスとオーストリアに挟まれた高原の国、リヒテンシュタイン。ライン川に沿って南北に細長い国土は大田区や世田谷区の二倍ほどで、住民のうち、八六％は「アレマン人」と称するドイツ人。首都ファドーツは人口わずか五〇〇〇人の町だ。『アルプスの少女ハイジ』の舞台となったマイエンフェルト（スイス領）のすぐ近くといえば、どんな雰囲気の地方なのかイメージが湧くだろう。

そのリヒテンシュタインの国家元首は、リヒテンシュタイン家の公爵。かつてのヨーロッパには「××伯爵領」「××公国」などの諸侯領がたくさんあったが、近代国家が成立する過程で消滅していった。現在でも存続しているのはルクセンブルクとモナコ、そしてリヒテ

ンシュタインだけ。

リヒテンシュタイン家はもともとオーストリアの名門貴族で、ウィーン近くのリヒテンシュタインという城に住んでいた。代々オーストリア皇帝のハプスブルク家に家臣として仕え、宰相や大臣、将軍などを輩出して権勢を誇ったが、それだけでは満足できず、自分の公国を作って帝国の使節会議に列席するのが夢だった。江戸時代に例えれば、将軍家に仕える旗本が自分の藩を作って大名になりたがったようなもの。しかし公国を作るには、ハプスブルク家の直轄地以外の場所に領地を持たなくてはならなかった。

チャンスが訪れたのは一六九九年のこと。リヒテンシュタイン家は金に困っていたある伯爵からファドーツ一帯の領地を購入し、一七一二年にも買い足して、現在のリヒテンシュタインの場所を手に入れた。もっとも領地を買ったのは公国の地位を得ることが目的だから、ファドーツの統治には興味がなく、ウィーンに引き続き住んで皇帝に仕えていた。実はこれが正解で、皇帝カール六世の教師を務めて寵愛を得たアントン・フロリアン公は、一七一九年に皇帝からリヒテンシュタイン公国成立の許しを得て、念願の一国一城の主に就くことができた。

一八〇六年にリヒテンシュタインはフランス軍に占領され、ナポレオンの後ろ盾で作られたライン連邦に参加させられるが、不幸中の幸いだったのが、ここで名目的な主権を獲得して戦後のウィーン会議で承認してもらったこと。それでもまだオーストリアの属国で、一八六六年にドイツの覇権をめぐってオーストリアとプロイセンが普墺《ふおう》戦争を起こすと、リヒテンシュタインはオーストリアに命じられて八四人の兵士を派遣するが、「大国の覇権争いに参加させられるのはアホらしい」と、六八年に軍隊を廃止してしまう。それ以来、現在までリヒテンシュタインは非武装国家だ。

第一次世界大戦が勃発しても、リヒテンシュタインには軍隊がなかったから、宗主国オーストリアに加勢しないですみ、アメリカを通じて中立を宣言した。このためリヒテンシュタインは敗戦国になることを逃れ、オーストリア帝国が解体して共和制になると、「これまで仕えてきたのは皇帝に対してであって、オーストリアという国に対してではない」と、属国の地位から離脱。晴れて名実ともに独立国となることができた。ただし、喜び勇んで国連に加盟しようとしたら、小さすぎるという理由で断られてしまう。この時代はまだミニ国家に対する国際理解はなかったのだ。

独立国になったといっても、それまで経済的にオーストリアに頼ってきたリヒテンシュタインがいきなり自立するのは無理。そこで新たな後ろ盾にスイスを選び、一九二三年にスイスと関税同盟を結んだ。これは現在でも続いていて、リヒテンシュタインの通貨はスイス・フランを使用している。スイス側の国境はフリーパスだが、オーストリアとの国境にはスイス政府の役人が派遣されて、スイスの関税を徴収することになった。

第二次世界大戦ではオーストリアはナチス・ドイツに併合されたが、リヒテンシュタインは無事だった。国境にはスイスの役人がおり、ヒトラーも下手にスイスを刺激するわけにはいかないと考えたようだ。第一次世界大戦では非武装中立で国を守ったリヒテンシュタインだが、第二次世界大戦では武装中立を掲げるスイスの傘に入って難を逃れたことになる。現在でも外交の権限の一部はスイスに委ねているが、一九九〇年には国連にも加盟でき、国際機関への加盟も増えている。

リヒテンシュタインは「税金のない国」としても有名だ。公爵家はかつてオーストリア帝国のあちこちに広大な領地を持っていて、国家財政は公爵のポケットマネーで賄われていた。「一国一城の主」というステータス欲しさに作った公国だから、住民への恩返しのつもりか、はたまた代々ウィーンに住んでいた公爵にとって、リヒテンシュタインの住民から税を取り立てるのは面倒だったのか。国家元首たる公爵がリヒテンシュタインに住むようになったのは、オーストリアがナチス・ドイツに併合された一九三八年のこと。公爵家は現在でもオーストリアに多くの土地を所有しているが、チェコにあった土地は、戦後「ドイツ人でオーストリア貴族の土地だから敵性資産」だと接収されてしまい、「ドイツ人じゃない」と反発する公爵家は訴訟を繰り返している。

二〇世紀になってコレクター向けの郵便切手の発行が国家財政を支えるようになったが、いざという時は公爵が気前よく金を出して公国を救っている。第二次世界大戦後に財政難に陥った時は、公爵家が私蔵していたレオナルド・ダ・ビンチの絵画を手放したというエピソードもある。

その反面、国家運営には「スポンサー」の意向が強く反映される仕組みになっていて、立憲君主制だが、公爵の権限が強く、専制君主制に近い政治体制が続いている。女性の参政権が認められたのは一九八四年で、憲法を改正して国民主権を明確にしようという論議が今も続いている。

最近ではタックスヘイブン（租税回避地）としてリヒテンシュタインで登記する企業が多く、これに関連した収入が増えているが、マネーロンダリングの拠点になっていると、国際的な批判も浴びている。すると公爵は、「マネーロンダリング問題への対処が遅い」と政府を批判し、自らに緊急立法権と議会解散権を与えて権限を強化する憲法改正案を提出。「否決されたらウィーンへ引っ越す」という脅しが効いたのか、二〇〇三年の住民投票で改正案は六四％の支持で承認された。もっともマネーロンダリングの舞台といわれる銀行は、公爵家がオーナーだったりするらしいのだが。

伝統的な階級社会のはずなのに、日系大統領が誕生
マーシャル諸島共和国

■人口：五万九六六七人（二〇〇八年）／首都：マジュロ／面積：一八一・三㎢

日系人で大統領になった人といえば、まずペルーのフジモリ元大統領。実は日系人どころか、日本国籍の日本人でした、というオチまでついて日本に亡命（というか帰国）していたが、ほかにもミクロネシア一帯の島国には日系の大統領が何人かいて、ミクロネシア連邦のトシオ・ナカヤマ元大統領や、マリー・モリ大統領、パラオのハルオ・レメリク元大統領、クニオ・ナカムラ元大統領など。マーシャル諸島のケーサイ・ノート元大統領も日系三世だ。

なぜ太平洋の島国に日系の大統領が多いのかといえば、第一次世界大戦から第二次世界大戦まで、これらの国々は「南洋群島」として日本が統治していたから。一九四〇年末の人口は、島民（島の先住民を当時そう呼んでいた）が五万一一〇六人に対して、日本人は八万一〇一五人で、日本人移民の方が多かったのだ。

日本人は敗戦で本土へ引き揚げたが、日本人男性と現地女性との間に生まれた子供たちは島に残った。戦前♪私のラバさん、酋長《しゅうちょう》の娘～♪という歌が流行ったが、ラバさん＝lover

さんで、恋人の意味。「南洋で一旗挙げよう」と単身やって来た日本人は支配層の一員であり、島の実力者（当時でいえば酋長）の娘や姉妹と結ばれることも少なくなかった。

現在でも酋長、部族長、庶民層という伝統的な階級社会は残っている。母系社会のミクロネシアでは、酋長が亡くなれば酋長の息子が地位を継ぐのではなく、酋長の姉や妹の息子が跡を継ぐ。だから一九八〇年代から九〇年代にかけて、島の指導層には日系二世が多くなり、現代版の大酋長である大統領に相次いで日系人が就いたのは、当然の成り行きでもあった。

さて、『酋長の娘』の二番は、♪赤道直下、マーシャル群島～♪で始まる。マーシャル諸島は旧南洋群島の東端にあり、一二二五の島々を含む二九の環礁で構成され、面積は合わせて約一八一㎢。住民はミクロネシア系のカナカ人が五万九〇〇〇人。戦後はアメリカの信託統治領を経て、一九八六年にマーシャル諸島共和国として独立した。

マーシャル諸島は一六八六年にスペインが領有を宣言したが、放置したままで何もせず、一八八五年にドイツがヤルート島の大酋長カブアと保護条約を結んで植民地にした。現在マーシャル諸島の住民の多くはプロテスタントの信者だが、これはドイツが残した最大の遺産。

第一次世界大戦で日本軍が占領し、ベルサイユ条約で日本の委任統治領になった。

委任統治領とは敗戦国の旧植民地を国連が預かり、特定の戦勝国に統治を委任するという制度。南洋群島は独立が不可能なC式とされ、日本は自国の領土（植民地）同様に扱ってよいが、軍事基地の建設や、先住民への酒・武器の販売は禁止され、国連に報告書を提出することが義務付けられた。日本はパラオに南洋庁を設置して、ここを統治の拠点に据えた。正式な日本領ではないので、島民たちに日本国籍は与えなかったが、公学校を設置して日本語教育を普及させた。また「海の満鉄」といわれた国策会社の南洋興発や南洋貿易が中心となって経済開発を進め、サトウキビのプランテーションや燐鉱石の採掘、漁業などの産業が発展。短期間で財政的な自立を達成した。

マーシャル諸島ではヤルート島に南洋庁の支庁が置かれたが、環礁で土地が少なく、地理的にも本土から離れていたので、日本はあまり開発に力を入れなかった。当時の産業は漁業のほかに、ヤシ油を採るためのコプラ（椰子《やし》の実を乾燥させたもの）の生産。島民たちは自給自足の生活の合い間に、椰子の実を集めてコプラを作り、数カ月ごとに回って来る南洋貿易の巡航船に売って、その代金で船から日用品や食料を購入するようになった。

やがて南洋群島にも戦争の影が忍び寄ってくる。満州国の樹立で国際非難を浴びた日本は、一九三三年に国連を脱退。しかし南洋群島について日本は「委任統治はベルサイユ条約で決まったもの」と主張して統治を続けた。日本は南洋群島を「南進基地」と位置付けて、それまで禁止されていた軍事拠点の建設に着手。そして太平洋戦争ではマーシャル諸島も激戦地となり、戦渦に巻き込まれた島民からも多くの犠牲者を出した。

戦後、南洋群島はアメリカの信託統治領になったが、経済開発に重点を置いた日本の統治に対し、アメリカの統治はあくまで太平洋を制するための軍事的戦略の一環で、産業は育成されずに補助金ばかりが注ぎ込まれた。一九四六年から五八年にかけて、マーシャル諸島のビキニ環礁やエニウェトク環礁では、のべ六七回にわたって核実験が行なわれ、日本では第五福竜丸が死の灰を浴びて大騒ぎになったが、現地でもロンゲラップ島の住民らが死の灰を浴び、今も後遺症に苦しんでいる。

一九七〇年代にミクロネシアは最後に残された信託統治領となり、将来についてアメリカとの交渉が始まった。アメリカの方針は、今後も経済援助を与える代わりに、軍事利用の継続を認めさせるというもので、基地が多い北マリアナ諸島は独立せずに、アメリカの自治領となる道を選び、残った地域はミクロネシア連邦として統一しようと憲法をまとめたが、住民投票の結果、マーシャル諸島とパラオでは憲法案を否決。こうしてマーシャル諸島は一九七八年にミクロネシア連邦から脱退して、翌年自治政府が発足し、アメリカに防衛を委ねて援助を受ける自由連合協定を結んで、一九八六年に独立。初代大統領には大酋長のアマタ・カブアが就任した。

自由連合協定は一五年間で、この間にマーシャル諸島は財政的な自立を達成する予定だったが、経済は今もほとんどがカツオやマグロなどの漁業とコプラの輸出に頼っていて、貿易収支は輸入が輸出の六倍を超える大赤字。政府の歳入は三分の二がアメリカからの援助金や基地使用収入だ。二〇〇三年に新たな自由連合協定が結ばれて、アメリカからの援助は当分続くことになったが、人口は過去二〇年間で倍増し、地球温暖化による海面上昇の影響も懸念されて、南の島の小さな独立国の自立は前途多難なようだ。

「植民地の方が良い」と島が一つ逃げ出した国
セントクリストファー・ネーヴィス

■人口：五万人（二〇〇七年）／首都：バセテール／面積：二六二㎢

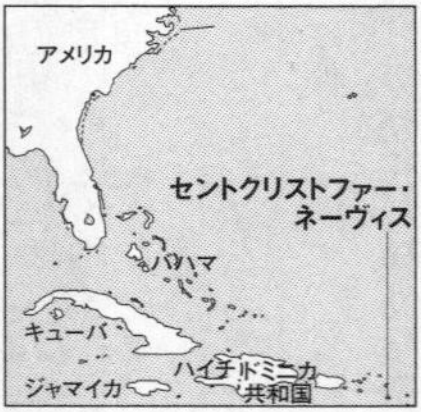

カリブ海には人口数万人や数十万人のミニ国家がいくつも散在しているが、なかでも一番小さい国が、セントクリストファー・ネーヴィス。その名の通り、セントクリストファー島とネーヴィス島の二つの島だけの国で、一九八三年にイギリスから独立した。面積は二六二㎢で熊本市とほぼ同じ。産業はサトウキビの栽培が盛んだったが、最近では観光で成り立っている。住民の九五％はかつてアフリカからサトウキビ農場の奴隷として連れて来られた黒人たち。

そんな小さな国をやっていないで、周囲の島々と一つの国にまとまればと思うが、人口数万人で国家をやっているということは、日本で市長になるよりも簡単に大統領や首相になれて、文字通り「一国一城の主」になれるということ。市長だと市議会でしか演説できないが、国家の代表なら国連総会で演説できるし、小国は一度やったらやめられないのかも。しかし、かつては「西インド連邦」として、旧イギリス領の島々が一つの国になろうという動きがあった。

カリブ海の島々は別名・西インド諸島。かつてこれらの島々を「発見」したコロンブスがインドに着いたと勘違いしたということで付いた名称だが、先住民はヨーロッパ人が持ち込んだ病気と酷使で、ほとんど全滅。代わってアフリカから黒人奴隷が連れて来られ、一七世紀から一九世紀前半にかけては、イギリス、フランス、スペイン、オランダに加えてアメリカの軍隊や海賊が陣取り合戦を繰り広げて、なかには二〇回も統治国が替わった島も。そして一九世紀末に列強各国の縄張りが確定した時は、各国の領土が入り乱れてグチャグチャな結果になっていた。

カリブ海で最も多くの島を領土にしていたイギリスは、小さな植民地をいくつも抱えては採算に合わないので、ひとまとめに独立させようと、一九五八年に英連邦内の自治国として西インド連邦を成立させた。数年後に完全に独立する予定だったが、植民地時代からの各地の行政府が引き続き権限を握り、政治や経済の統合はさっぱり進まず、連邦は有名無実な状態が続いた。何しろイギリス領の島々を無理につないだだけの飛び地国家で、首都のあるトリニダード・トバゴとジャマイカが、それぞれ一〇〇万以上の人口を抱えて二大中心地だったが、その間は一五〇〇㎞も離れていた。

やがて石油が出て豊かなトリニダード・トバゴが連邦政府の権限を強化しようとすると、ジャマイカが反発し、三年後に住民投票を行なって連邦からの離脱と単独独立を決定。トリニダード・トバゴもジャマイカが抜ければ小さな島々の面倒を一手に引き受けなければならなくなるから、やはり連邦からの離脱と単独での独立を決定。こうして二つの「大国」が抜けた西インド連邦は一九六二年に解散し、残った島々は再びイギリスの直轄植民地に戻ってしまった。

そこで全部ひとまとめに独立させるのはやめて、植民地時代の行政区分をもとに、いくつかのグループに分けて独立させることになり、バルバドス（一九六六年）、グレナダ（一九七四年）、ドミニカ国（一九七八年）、セントルシア（一九七九年）、セントビンセントおよびグレナディーン諸島（一九七九年）、アンティグア・バーブーダ（一九八一年）が独立したが、セントクリストファー島とネーヴィス島は、アンギラ島と一緒に「セントクリストファー・ネーヴィス・アンギラ」として、一九六七年に英連邦の自治領となり、首都は一番大きいセントクリストファー島のバセテールに置かれた。

これに猛反発したのがアンギラ島の住民たち。セントクリストファー島とネーヴィス島は隣り合っているが、アンギラ島は中間にフランス領やオランダ領、そしてフランスとオランダが半々に分け合う珍妙なセントマーチン島などを挟んで一五〇㎞も離れている。自治領ということは、それだけ首都が置かれたセントクリストファー島の権限が強くなるということで、将来そのまま独立しようものならその支配はもっと強まる。遠くの大国・イギリスに支配されるのはまだしも、ちょっと離れた小島に支配されちゃタマラナイというわけで、アンギラ島の住民たちは自治領発足三カ月後に、セントクリストファー島から派遣された役人や警官を追い出し、独立を宣言した。

自治領政府はアンギラ島を取り戻そうにも軍隊はないし、手をこまねいているうちにアンギラ島は国連へ陳情団を送ったり、アンギラ共和国（当時人口六〇〇〇人）の成立を改めて宣言して、国際世論にアピールし続けた。これにしびれを切らした自治領政府は、イギリス本国へ「独立ゲリラの鎮圧」を要請。イギリスから武装警官隊が派遣されアンギラ島へ上陸すると、「独立ゲリラ」は抵抗するどころか、イギリス国歌を歌いながら大歓声で出迎え、島では一発の弾丸も撃たれることなく、イギリスの植民地統治下に復帰した。「もう植民地はイヤだ！」と独立運動をするのはよくあるが、「植民地の方がいいや！」と独立運動を始めたケースは珍しい。

アンギラ島に逃げられた自治領政府は、一九八三年にセントクリストファー・ネーヴィスとして正式に独立したが、今度はネーヴィス島が分離独立を要求し始めた。自治領時代の一九七七年に行なった住民投票では、分離賛成四一九三票に対して、反対はたったの一四票だったが、セントクリストファー島の自治領政府は「投票は無効」と宣言して黙殺。イギリスからの独立にあたって連邦制を導入したものの、ネーヴィス島の独立運動はその後も続き、一九九七年にはネーヴィス島の議会が分離独立を決議。翌年の住民投票では六一・八%が分離に賛成したが、独立には三分の二の賛成が必要というルールだったため、ネーヴィス島は未だ独立できずにいる。

ネーヴィス島が独立したがっているのは、かつてのアンギラ島と同じで、連邦政府(＝セントクリストファー島)に予算や権限を握られているのが不満なため。連邦政府が「財政難」を理由に独立の翌年ネーヴィス島への補助金を停止したため、ネーヴィス島の政府は不渡り手形を出して公務員への給与が払えなくなったり、一九九一年にはネーヴィス島の警察署が火災になったが、連邦政府が再建費用を出し渋ったため、ネーヴィス島の警官は焼け跡で仕事を続けるハメになる……なんて事件が続いていたそうで、小さな国の主導権争いは深刻だ。

モルディブ共和国
リゾートアイランドの知られざる厳しい現実

■人口：三〇万九〇〇〇人(二〇〇八年)／首都：マレ／面積：二九八㎢

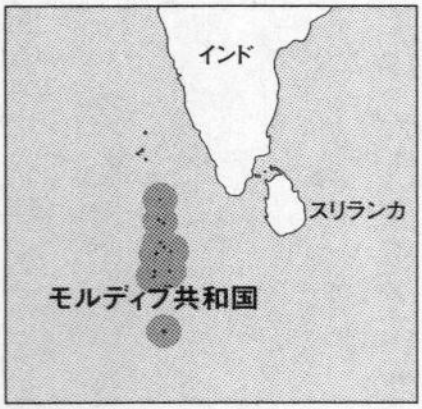

インド洋随一のリゾートとして人気の高いモルディブは、インドから南へ六〇〇km。二六の環礁に一一九〇の島々が点在する島国で、面積は約三〇〇km²、全部の島を合わせても、西表島より一回り大きいくらいしかない。

そのうち住民がいる島は一九九で、リゾート用に開発された約九〇の島は無人島。観光客がリゾート以外の島へ行くには政府の許可（または「住民がいる島への訪問ツアー」に参加）が必要だ。GDPの三分の一と外貨収入の六割を観光に頼っている国だが、住民は敬虔なイスラム教徒で、観光客が持ち込むアルコールや派手な水着姿など異文化によって毒されることを防ぐために、政府の方針として観光客を「隔離」しているのだ。

モルディブは紀元前二〇〇〇年頃から、インダス文明とエジプト文明とを結ぶ交易ルートの中継地として栄えていた。その後スリランカから渡ってきたシンハラ人によって仏教が伝えられ、小さな仏教王国ができたが、やがてアラブ商人がイスラム教を広め、一一五三年には王がイスラム教に改宗してスルタンとなった。モルディブで使われているディベヒ語は、サンスクリット語がアラビア語の影響を受けて変化したもので、モルディブの歴史をそのまま反映した言葉だ。

大航海時代に入ると、インド洋にヨーロッパ人が進出して来た。最初にやって来たのはポルトガルで、一五五八年にモルディブを占領するが、島民たちはゲリラ戦で抵抗し、ポルトガル人を一五年後に追い出した。この時、島民を指揮したモハメッド・タクルファァーヌは、今もモルディブの英雄だ。一七世紀にはスリランカを占領したオランダが、一八世紀にはオランダを追い出したイギリスが、それぞれモルディブに支配を及ぼすようになるが、スルタンが年に一回スリランカへ貢物を贈るという名目的なものだった。モルディブがイギリスの保護領として植民地にされたのは一八八七年だが、その後もイギリスは内政に干渉せず、スルタンがイスラム教に基づいた統治を続けた。

モルディブは珊瑚礁の島なので、少ない土地のほとんどが砂地で、イモや果物は穫れても食糧の自給は不可能。現在では穀物自給率〇%で、すべてを輸入に頼っているほど。そこで昔から、東アフリカで貨幣として使われていた子安貝をアラブ人に売り、スリランカのカレー料理に欠かせないその名も「モルディブ・フィッシュ」という鰹節《かつおぶし》を輸出して、米などを輸入していた。しかし戦争や政変で食糧の輸送が滞ると、飢餓に襲われることもしばしばだった。

太平洋戦争が勃発した時、政府を代表してインドへ米の買い付けに来ていたスルタンは、米の購入代金でスリランカの不動産を買い、側近とともにそのまま定住して、モルディブから毎月多額の生活費を送らせた。モルディブに残されたアミン首相は、イギリス軍のアドバイスで鰹節の輸出を国営化し、その輸出代金で米や小麦を輸入して国民に配給することにしたが、国営倉庫に集められた鰹節は、保存が悪くて虫に食われてしまい、国民へ食糧が配られずに餓死者が相次いだ。戦争末期にスルタンの乗った船は日本軍に沈められて行方不明となり、一九五三年にアミン首相が大統領に就任して共和制の自治政府ができたが、鰹節輸出の国営化は続けられ、大統領はじめ政府首脳たちは鰹節の売り上げを流用して、亡きスルタンに倣《なら》ってスリランカで財産を築いた。こうして食糧の輸入は滞り、再び飢餓が続出。自治政府は反乱によって一年経たずに倒れた。あちこちの島でも政府への不信感が高まり、一九五九年から六三年にかけては、南部の島々が「スバディバ連合共和国」の独立を宣言したこともある。

一九六五年にモルディブがイギリスから独立しても政情の混乱は続いた。三年後に正式にスルタンを廃止して大統領になったナーシルは、戦後のモルディブを支えていたガン島のイギリス軍基地が撤退して経済が大打撃を受けると、一九七八年に数百万ドルの公金を持ってシンガポールへ逃亡。代わって大統領に就任したカユームも、最初の一〇年間はクーデター未遂事件が相次ぎ、一九八八年にはスリランカから上陸した傭兵部隊に空港を占拠され、インド軍に助けを求める事件が起きた。しかし積極的なリゾート開発による観光立国化に成功し、モルディブはここ一〇年間、年平均七・六％の高い経済成長を続けている。

今モルディブが抱えている問題は、人口の増加と国土の縮小だ。モルディブの人口は戦後六〇年間で約三倍に増えた。人口密度の高さは世界一〇位だが、約八割の島が無人島だから、人が住んでいる島での密度はおして知るべし。首都のあるマーレ島はビルや建物がびっしりと詰まっている。

背景にあるのはモルディブ人の早婚で、男性平均の初婚年齢が二三・二歳、女性の平均一九・一歳は、世界でもトップクラス。せっかく観光客が増えて国全体が潤っても、人口が急増していては国民一人あたりにするとあまり豊かにならない。二〇〇四年の調査では、子供たちの二七%が依然として栄養不良だという。

一方で、モルディブでもじわじわと深刻な問題になりつつあるのが、地球温暖化による海面上昇だ。モルディブは珊瑚礁の島だから、海面からの標高は平均すると一mたらず。二〇〇四年のスマトラ沖地震による津波では、マーレ島は日本の援助による護岸工事が完成していたこともあって、さしたる被害は受けなかったが、小さな有人島やリゾート島では大きな被害を蒙《こうむ》った所もある。

モルディブ政府は海面上昇に備えて、マーレ島の近くに標高二mの人工島（フルマーレ島）を建設する一方で、島々に点在する住民を護岸工事の整った島へ移住させることも検討中だが、人口が急増しているのに、住む島を減らすとなれば過密さにますます拍車がかかってしまう。一方でリゾート島は、自然そのままの海がウリだから、コンクリートブロックで周囲を固めてしまうわけにはいかない。悩ましいところだ。

島全体に深く戦いの歴史が刻まれた、遺跡の国

マルタ共和国

■人口：約四一万人（二〇〇七年）／首都：バレッタ／面積：三一六㎢

ヨーロッパの地図を見ると、長靴の形をしたイタリア半島が蹴っているのがシチリア島で、その足元に転がる小石のような存在がマルタ島。その位置や歴史的な役割から「地中海のへそ」ともいわれるこの島は、隣のゴゾ島、コミノ島と合わせて、マルタ共和国という小さな独立国になっている。面積は淡路島の約半分、ＥＵ加盟国中最小、世界で一〇番目に小さな国だ。

マルタに住むのはマルタ人。イタリアに近いし、マルタより南にあるペラジエ諸島もイタリア領だから、民族的にイタリア人と近い関係かと思えば、そうではない。マルタ語はセム語系、つまりアラビア語に近く、遠く東に離れたレバノン人とは意思疎通ができるという。ただしマルタ人はほぼ全員がカトリック教徒で、家庭料理はパスタが中心、マルタには地中海の東西南北すべてから支配者が入れ替わりにやって来た歴史があり、その過程でさまざまな民族の文化が融け合っている。

マルタには新石器時代から人が住んでいて、紀元前四〇〇〇年から紀元前二五〇〇年にかけては巨石文明を発展させた。現在でも壮大な神殿やピラミッド、地下迷路の遺跡が残っていて、「アトランティス大陸の一部では」という説まである。しかし歴史の記録に残っている最古のマルタの支配者は、三〇〇〇年前に東からやって来たフェニキア人。彼らはこの島をメリタ（避難所）と呼び、これがマルタという地名の由来になった。フェニキア人は現在のレバノン一帯をルーツとする民族で、地中海一帯に植民地を建設したが、マルタもその一つだった。マルタ語がレバノン人の言葉と近いのもそういう背景があるからだろう。

フェニキアは、やがてアッシリアやアレキサンダー大王の率いたマケドニアに滅ぼされるが、代わってフェニキア人が作った植民都市のカルタゴが台頭し、マルタはカルタゴ領になった。しかし地中海の覇権をかけたローマ帝国との戦いは続き、紀元前二一八年にローマに併合された。その後マルタの支配者は、西ローマ帝国から東ローマ帝国、アラブ人のサラセン帝国、両シチリア王国、スペインと移り替わり、一五三〇年にスペイン国王からマルタを譲り受けた聖ヨハネ騎士団がやって来た。

聖ヨハネ騎士団は十字軍時代にエルサレムで生まれ、イスラム教徒に追われてキプロス島やロードス島と、流転の戦いを続けていた。彼らはマルタ島を海に浮かぶ要塞に作り変え、一五六五年には三〜四倍の兵力で三カ月にわたり島を包囲したトルコ軍を撃退。一躍「マルタ騎士団」（一八六ページ参照）として名を馳せた。マルタの首都・バレッタは、包囲戦を指揮した騎士団長の名前から。マルタ騎士団は一七九八年にナポレオンによって島を追い出され、現在も領土なき国家として存続しているが、マルタが世界史の舞台に躍り出た時代の面影を残す街並みや大聖堂は、今では貴重な観光資源。騎士団長の官邸だった建物は、国会議事堂兼大統領府として現在も利用されている。

一八〇〇年にフランスを破り新たな支配者となったイギリスも、マルタを地中海艦隊の根拠地とした。一八六九年にスエズ運河が開通したことで、地中海はインドへの通路としても重要となり、イギリスはマルタを中心に、東にキプロス島、西にジブラルタルを押さえて、地中海の覇者になっていた。戦争が起きれば真っ先に狙われるのは「基地の島」の宿命で、第一次世界大戦ではたいした被害は受けなかったものの、第二次世界大戦ではマルタの領有権を主張するイタリアと、アフリカ戦線への海上路を確保したいドイツによって、二年半にわたる空襲にさらされた。

海上封鎖で島への補給は途絶え、イギリス軍の内部ではマルタの放棄も提案されたほどだが、マルタ人たちは食糧不足に耐えながら島を守りぬき、当時のイギリス国王ジョージ六世は人々の勇気と行動を称えて、すべてのマルタ住民に対してジョージクロス勲章を授けた。この勲章はイギリスから独立した今も、マルタの国旗の左上に描かれている。

戦後、世界の植民地は相次いで独立したが、マルタは紆余曲折《うよきょくせつ》の道をたどった。島は石灰岩でできていて、農業にはあまり適さない。良い草が生えないので放牧にも向かず、肉といえばまずウサギ料理。そのため海外へ移民するマルタ人が相次ぎ、一九四七年から一七年間で当時の人口の三分の一にあたる一〇万人が島を去った。

当時、マルタ経済の九〇％は英軍の基地に依存していたので、独立なんて不可能だろうと、一九五六年の住民投票ではいったんイギリス本国との統合が決まった。しかし経済援助をめぐってイギリスと対立するようになり、二年後に総督が非常事態宣言を出してマルタの自治権を剝奪。このためマルタ人は一転して独立を求めるようになり、再度の住民投票で一九六四年に独立し、七四年にはイギリスから派遣されていた総督を廃止して、大統領制に移行した。

こうして独立を果たしたが、英軍が撤退して経済はピンチを迎える。マルタで政権を握った労働党は社会主義政策を実行し、基幹産業の国有化や福祉制度の充実を進めたり、工業化を図ったが、観光地として売り出すことで、「移民しないでも食べていける島」に変えることに成功した。外交政策でも英連邦に加盟しながら非同盟中立路線を貫き、周囲を西側諸国や東側諸国、イスラム国家に全体主義国家――とあらゆる陣営に囲まれたが、どこの国ともほどほどに付き合うことでバランスを維持した。

しかし労働党政権はマルタ人に大きな影響力を持つカトリック教会と対立し、一九八七年に親西側路線を掲げる国民党政権に交代。国民党はＥＵへの加盟を目指し、西欧諸国に足並みを揃えようと一五％の付加価値税を導入し、一時政権を労働党に奪われたこともあったが、住民投票を経て二〇〇四年にようやく加盟を実現した。

マルタを訪れる観光客は年間一二〇万人。このほかに三四万人のクルーザー乗客も訪れている。小さな島にもかかわらず観光客の平均宿泊数は九・三泊だから、地中海の太陽と数々の歴史のエピソードにあふれたこの国が、リゾート客にとっていかに魅力的かがわかるだろう。

【コラム】　小さな国家は切手で儲ける!

天然資源もなければ輸出できる特産品もない小さな国や植民地にとって、慈雨のような存在が郵便切手。切手の販売収入によって財政が支えられているケースも少なくない。小国のなかにはカジノやタックスヘイブン（租税回避地）で売り出しているところもあるが、それにはホテルやインフラを建設したり、専門家を雇って法律を整備したりで、それなりの元手がかかる。その点切手なら、住民向けにもともと発行しているものだし、世界中に収集家がいるので市場規模は大きい。本当に何もない国の、最後の収入源といえるのだ。

ただし切手で稼ごうというのなら、それなりの「営業努力」も必要だ。地元の郵便局で普段売っている通常切手だけでは、コレクターたちの収集意欲が湧かないし、一回購入してしまえばオシマイになってしまう。そこで動物や花、虫などのシリーズ切手を売り出す。「シリーズものなら全種類揃えなければ意味がない」と考えるコレクターの心理を突くというわけ。切手専門店のカタログを見ると「ピトケアン島一〇〇種セット」というのが売られているが、ピトケアン島は人口五〇人にも満たない世界最小のイギリス植民地。住民の数より多い種類の切手を売り出すというのは、最初からコレクター向けに発行しているから。

さらに各種の記念切手も発行する。とはいっても、小さな国では記念切手を発行してまで祝うようなイベントはめったにないから、海外のイベントに便乗して記念切手を発行する。小国ではないが、コンゴ民主共和国が二〇〇五年に愛知万博のシート切手を発行した。図案はというと、新幹線と山手線をバックに亡くなったばかりのヨハネ・パウロ二世が手を振り、シリーズ切手では定番の蝶と蘭の花もあしらうという、まさになんでもアリの組み合わせ。「コレクターの皆さん、どうか買ってください！」という気迫がありありと伝わってきて涙ぐましい、というより笑えるデザインだ。

人口たかだか数万人もしくはそれ以下の小さな国や植民地には、切手を印刷する設備があるわけではない。実際には、海外の切手代理発行会社に切手発行権や販売権を売って収入を得ている。切手発行の企画やデザイン、印刷、販売はすべてエージェントが行なっているので、発行元の小国の郵便局では販売されていなかったり、額面が高すぎてその国では使う機会がないなんてケースもあって、かなり怪しいシロモノなのだ。

なかにはエージェントが欲を出して切手を乱発しすぎて、世界のコレクター業界から締め出しを食らった小国もある。例えば一九六〇年代から七〇年代にかけて、現在アラブ首長国連邦に加盟している各首長国やオマーンの属領、イエメンにあった諸首長国などが発行した「アラブ土侯国切手」と呼ばれる切手がその代表格。イスラム国家にはありえないはずのヌード女性を図案にするなど、露骨なインチキぶりがヒンシュクを買って、世界各地の切手カタログから排除された。現在ではロシア領内の共和国や自治州で、この種の怪しい切手が増えているらしい。

第二章
国の中で独立するもうひとつの国

東ローマ帝国の勅令が生きる女人禁制の山

アトス山
（聖山修道院自治州）

■人口：約二二六二人（二〇〇一年）／首都：カリエ／面積：三三六㎢

カトリックの総本山・バチカン市国は小さいながらも独立国だが、東方正教会（ギリシャ正教）の聖地も「国」のような特殊な存在になっている。ギリシャ北部にあるアトス山で、ここはギリシャ政府の権限が及ばない東方正教会の自治領。正式には聖山（アギオン・オロス）修道院自治州と呼ばれている。

バチカンはローマの中心街にあるが、アトス山はエーゲ海に突き出した半島で、都会の喧騒とは無縁の場所。ここには大小合わせて二〇の修道院が散在し、住民のうち一六〇〇人は修道士。ローマ法王が国家元首を兼ねるバチカンとは違って、アトス山は各修道院の代表が評議会を構成し、そのうち一人が毎年交代で長官に就任する仕組みだ。

ギリシャ本土とアトス山との間に道路はなく、フェンスで隔絶されている。一日二便の船だけが「下界」との交通手段。ここへ巡礼（または観光）に訪れようという世俗の人は、まずギリシャ外務省で仮入域許可証をもらってから船に乗り、アトス山の首都・カリエで、正式なビザをもらわなくてはならない。手続きがややこしいので観光客の数は少ない。
そのうえアトス山には男性だけしか立ち入れないのだ。なにしろ修道士の国だから女人禁制。女性観光客は沖合の船の上からありがたい聖山を眺めることしかできない。ここで飼われている牛までもオスだけという徹底ぶりだ。

カリエには巡礼者相手のみやげ物屋やレストランがあるが、そこで働く人たちも修道士。修道院で祈りと労働の集団生活を送る修道士のほかに、個人で生活する修道士もいて、山奥の掘っ立て小屋や洞窟で隠者のように暮らす人もいれば、アトリエ付きのマイホームを建ててフレスコ画やイコンの製作で財を成す人もいる。聖地でも貧富の差は大きいようだ。

アトス山が聖山になったきっかけは、紀元四九年に遡るという。エルサレムで隠遁生活を送っていた聖母マリアが、キプロス島に住んでいた伝道者・ラザロから「死ぬ前にもう一度お会いしたい」という手紙を受け取り、キプロス島へ向かったところ、船長が誤ってアトス山に漂着。当時、アトス山には異教徒の町があったが、マリアが上陸すると、たちまち天地鳴動して大地震が起こり、異教の神像はすべて壊れ、倒れた家々から這い出た人たちは助けを求めてマリアにすがり、マリアは人々に洗礼を施してアトス山は聖山になった……という言い伝えがあるが、いくらなんでもこれはマユツバ。

文献に残っている記録では、八四三年にコンスタンティノープルで開かれた公会議にアトス山から修道士が出席したというのが最古だから、実際のところ、ここに修道院が建てられたのは九世紀の初めらしい。そして八八五年に東ローマ帝国（ビザンティン帝国）の皇帝・ヴァシリオス一世がアトス山を修道士たちの聖域とする勅状を出したことで、ここは治外法権の一角になった。つまりアトス山に世俗の権力が及ばないのは、東ローマ皇帝の勅状が現代にも生き続けているということ。聖山修道院自治州の公文書には、今も東ローマ帝国の紋章だった「双頭の鷲」が使われている。

一四五三年に東ローマ帝国は滅ぼされ、オスマン・トルコがギリシャを征服したが、トルコ皇帝はキリスト教会の存続を認め、アトス山の特権もそのまま残された。イスラム帝国の中に存在するキリスト教の聖域としてアトス山が大きな意味を持ったのはこの時代で、ギリシャ人の信仰や民族意識の拠り所となった。

一八三〇年にオスマン・トルコからギリシャが独立すると、ロシア皇帝の後押しを受けて大勢のロシア人修道士がやって来て、二〇世紀初めにはアトス山で暮らす七四〇〇人の修道士のうちロシア人が三五〇〇人を占めたという。この頃がアトス山の最盛期で、カリエの町はロシア人巡礼者たちで賑わい、彼らの潤沢な献金によって、いくつかの修道院は玉ねぎ型ドームを持つ独特なロシア風の建物に建て替えられた。

ところが、一九一七年のロシア革命で「宗教はアヘン」だとする社会主義国家のソ連が誕生すると、新たなロシア人修道士の入山は途絶えてしまう。かつては二〇〇〇人近い修道士が暮らし、アトス山で最大規模を誇ったロシア正教会の聖パンテレイモン修道院は、一九八〇年代にはわずか三人を残すだけで廃墟寸前になってしまった。しかしソ連が崩壊したことで、最近では再びロシア人修道士の数が増えているようだ。

第二次世界大戦中にギリシャを占領したドイツ軍も自治と不介入を認めて、一〇〇〇年以上にわたって伝統と特権を守り続けてきたアトス山だが、ここにも時代の変化の波はひたひたと押し寄せつつある。世界遺産にも指定された文化遺産の保護を理由にギリシャ政府の警察官が常駐するようになり、文明の利器を排してランプ生活を送っていた修道院にも、この十数年の間に電気が引かれて、漏電で修道院が全焼する事件も起きた。

そして二〇〇二年には、欧州議会が「アトス山が女性の立ち入りを禁止しているのは、女性の人権無視にあたる」と、女人禁制の撤廃を決議してしまった。これに反対した国はギリシャだけ。修道院自治州では東方正教会やギリシャ政府とともに「長年続いた慣習で、国の伝統、価値観、シンボル、信仰と深く結び付いている」と猛反発し、女性への開放はとりあえずウヤムヤになっているが、「男だけの聖地」への風当たりは、今後も強まっていきそうだ。

民族の聖地への、強すぎる思いが生んだテロの応酬

コソボ共和国

■人口：二二〇万人（二〇〇八年）／首都：プリシュティナ／面積：一万〇九〇八㎢

ＰＫＯ（平和維持活動）の一環として、国連暫定統治という方法が最近増えている。ＰＫＯとは、武力紛争で停戦合意が行なわれた後、国連総会や安保理の決議によって、国連が中立的な立場から現場で停戦や軍撤退の監視をして、紛争の再発防止や解決を図ることだが、暫定統治とは選挙の実施や新政府の設立、復興や難民帰還などのために、国連がしばらくその地域を統治するもの。

具体的にはその地域が、①A国からB国へ引き渡される、②独立する、③内戦をしていた各派が統一政府を作る、④A国の施政下に復帰させる、⑤自治政府を作る――などの目的が達成されるまで、国連が組織した暫定統治機構が派遣されて行政を担当する。これまでに、①が西パプア（オランダからインドネシアへ）、②がナミビアと東ティモール、③がカンボジア、④が東スラボニア・バラニャおよび西スレム（クロアチア）の例があって、現在⑤を目指して国連の暫定統治が続いていたはずだった……のがコソボだ。

ちなみにイラクの暫定統治は国連によるものではなく、占領軍（米英）によるもので、いわば戦後のＧＨＱのようなもの。アフガニスタンの暫定統治は、アメリカの支援でタリバン政権を倒した反政府各派（北部同盟など）が設立した臨時政府で、国連とは直接関係はない。

コソボはセルビア南部の自治州で、人口の多数派はアルバニア人。彼らが高度な自治権や独立を要求しているのに対して、セルビア側は自治権を剝奪して独立も認めなかったために戦争となった。アメリカやロシア、ＥＵ諸国が介入して、セルビアを叩きながら独立も承認しないため、コソボは形式的にはセルビアの自治州のままなのに、実質的にはセルビアの支配から切り離されて、一九九九年以来、国連コソボ暫定行政機構（ＵＮＭＩＫ）が統治し続けている。

コソボに古くから住んでいたのはアルバニア人の先祖といわれるイリリア人だが、七世紀に南スラブ系のセルビア人が押し寄せて、一一六八年にセルビア王国を建国した。セルビア王国は一三八九年の「コソボの戦い」でオスマン・トルコに敗れ、セルビア人の多くは西へ逃げて、代わりにイスラム教に改宗したアルバニア人たちが再びやって来た。こうして現在ではコソボの人口の約九割はアルバニア人となったが、セルビア人にとってもコソボは「セルビア王国の発祥の地」、「コソボの戦いという「聖戦の地」」、そしてセルビア正教会の中心地でもあって、民族の歴史・文化にとってかけがえのない聖地だった。だから、コソボがセルビアから独立することには拒否感が強い。

第二次世界大戦後、ユーゴスラビア連邦の下でコソボはセルビアの自治州となり、大きな自治権が与えられた。しかし一九八〇年代末、ユーゴスラビアが解体の危機に瀕すると、セルビアでは民族主義が台頭して、コソボの自治権縮小の動きが強まる。これに対抗して、一九九〇年にコソボ自治州のアルバニア系議員らがセルビアからの分離と共和国への昇格を宣言するが、セルビアはこれを認めず、コソボの自治権を剝奪してしまう。

一九九一年からユーゴスラビア連邦（以下ユーゴと略す）を構成していた六つの共和国のうち、セルビアとモンテネグロを除いた四共和国（スロベニア、クロアチア、マケドニア、ボスニア・ヘルツェゴビナ）は相次いで独立するが、コソボでもアルバニア系住民が住民投票を実施して、九九％の賛成でユーゴからの独立を宣言。一九九二年には大統領選挙を実施し、ルコバが大統領に選出された。しかしこの時期のコソボでは、他の共和国と違って血みどろの独立紛争は起きなかった。ルコバは非暴力による独立運動を唱え、セルビア人が掌握するコソボ政府に対して、「影の政府」を組織して対抗し続けた。

そんなコソボの非暴力独立運動も、隣国ボスニアでの紛争激化によって変わる。セルビア人を相手に独立を達成するなら、やはり暴力に訴えるほかないと、一九九六年から武力による独立を目指すコソボ解放軍（ＫＬＡ）が台頭し、セルビア人やその協力者へのテロを繰り返した。クロアチアやボスニアでの戦闘を終えたセルビア側も、一九九八年に入るとユーゴ連邦軍（＝セルビア軍）を投入して武力鎮圧を本格化させた。「ゲリラの拠点」とされた村が襲撃され、五六万人のアルバニア人が難民となり、その過程で「アルバニア人の大量虐殺が起きた」「連邦軍が民族浄化に乗り出した」という情報が世界を駆け巡り、「セルビアに制裁を！」という国際世論が形成されていった。

こうして一九九九年、アメリカを中心とするNATO軍はユーゴ（セルビア）に対する空爆を開始。さらに連邦軍の軍事施設を破壊するという理由で、コソボの各都市にも激しい空爆が行なわれた。空爆は三カ月後にセルビアがコソボからの撤退を受け入れたので中止されたが、新たに一〇万人のアルバニア人が難民となったほか、連邦軍によるアルバニア人への報復も激化して、実際には空爆前より多数のアルバニア人が殺害されたという。

セルビアの撤退と入れ替わりに、コソボはNATO軍が占領し、UNMIKが統治を行なった。安保理決議では「ユーゴの枠内におけるコソボの実質的自治の確立」を謳っていたが、コソボの将来的な地位については言及を避けて曖昧なままだ。

かくしてコソボは「セルビアであってセルビアでない」状態のまま、二〇〇二年にコソボ暫定自治政府が成立し、ルコバが再び大統領に就任。二〇〇八年にはコソボ共和国の独立を宣言した。これまでに英米仏独や日本など、世界六五カ国が独立を承認したが、国連加盟国の三割に過ぎず、独立を承認していない国にとって、コソボは依然として「セルビア内のコソボ自治州」ということになっている。

セルビアは「コソボ独立は永遠に認めない！」と強硬で、国内に独立紛争を抱える国々はコソボ承認には慎重だ。とりわけ常任理事国のロシアと中国が拒否しているため、国連加盟は目下のところ不可能で、国連による暫定統治も終了できないまま、権限や規模を縮小しながらも続いている。一時は八〇万人に達したアルバニア人難民の帰還は進んでいるが、その一方で二四万人のセルビア人やロマ人がアルバニア人の報復を恐れて難民となり、こちらは帰還の目途が立っていない。

石油の力で王様たちを従える、世襲制の大統領

アラブ首長国連邦

■人口：四七七万人（二〇〇八年）／首都：アブダビ／面積：八万三六〇〇㎢

日本国内で「首長」といえば、知事や市長など自治体のトップのこと。しかし海外に関しては、「国王ではないが王のような存在」の意味でも使われる。なんだかわかりにくいが、要するに一昔前まで「酋長」とか「土侯」と呼ばれていたのが、現在では首長と呼ぶことになっている。

アラブ首長国連邦は、アブダビ、ドバイ、シャルジャ、アジュマン、ラスアルハイマ、ウ

ンムアルカイワイン、フジャイラの七人の首長に率いられた国々の連合体で、それぞれの首長国は内政面では独立国に近い権限を持っている。首長国は世襲の王制だが、連邦のトップは大統領。ただしこの大統領は国民が選挙で選ぶのではなくて、七人の首長が互選で選ぶ仕組み。もっとも建国以来、大統領はアブダビ首長による世襲、副大統領兼首相はドバイ首長による世襲と決まっている。なぜこの二つの首長国かというと、アブダビは石油で、ドバイは中継貿易と石油で潤ってきたから。アラブ首長国連邦は有数の産油国だが、石油が出る地域はアブダビとドバイが大半を占め、しかもドバイは枯渇寸前。だから七つの首長国の中ではアブダビの力が断然強いのだ。

アラブ首長国連邦は一九七一年にイギリスから独立したが、それ以前は休戦オマーン（トルーシャル・オマーン）と呼ばれ、さらに一九世紀半ばまではパイレーツ・コースト（海賊海岸）と呼ばれていた。ずいぶん物騒な地名だが、一帯の海岸には海賊が跋扈《ばっこ》していて、ヨーロッパの船がたびたび襲われていたから。もっとも「海賊海岸」というのはヨーロッパから見たいい方であって、列強諸国の進出に対して地元部族の首長たちが水軍で抵抗したともいえる。

海賊の被害を一番蒙ったのはイギリスで、インドへ向かう東インド会社の船が次々と襲われたため海賊討伐に乗り出し、海賊を率いていた首長たちと一八三五年に休戦条約を、一八五三年に永久休戦条約を結んだ。こうして海賊海岸は隣のオマーンとともに、一九世紀末にはイギリスの保護領となった。

イギリスがこの一帯を支配した理由は、大英帝国最大の植民地だったインドへの航海の安全確保で、他の列強諸国にこの地を取られたくなかったから。石油生産が始まる前、この地域で目ぼしい産業は真珠採取だったが、日本で真珠養殖が始まると衰退し、あとはわずかな農業と漁業があるだけで、アラビア半島で最も貧しい地域だった。だからイギリスも海賊退治がすめば積極的な植民地経営を行なうつもりはなく、元海賊の首長たちに補助金を支給して内政を任せて放置し、住民は中世さながらの暮らしを続けていた。

さて第二次世界大戦後、かつて七つの海を制覇したといわれた大英帝国も、覇者としての地位は米ソに奪われ、英国病と揶揄《やゆ》されたように経済も衰退。植民地の独立が相次ぐなかで、一九六八年には「三年後にスエズ以東から軍事的に撤退する」と発表した。イギリスからいきなり放り出されることになって困惑したのがペルシャ湾沿いの首長たち。小さな首長国のまま独立してはやっていけないと、休戦オマーンの七首長国にバーレーン、カタールを加えた九つの首長国は、連邦国家として独立することで協定を結ぶ。長年にわたって手なずけてきた首長たちに引き続き権力を握らせて影響力（と利権）を残したいイギリスの後押しで、一九七一年春には独立に向けた連邦体制として、アラブ首長国連邦（Federation of Arab Emirates：ＦＡＥ）を結成した。

しかし現実は、いくら小さな国でも石油がたんまり出れば国際的に十分やっていけるわけで、石油生産が軌道に乗っていたバーレーンとカタールは、ほどなく離脱して単独で独立。残る七カ国のうちラスアルハイマを除く六カ国は、新たにUnited Arab Emirates（UAE）を結成して年末に独立した。Federationは連邦だがUnitedは連合だから、本来ならこの時点で日本語の表記は「アラブ首長国連合」に変わるはずなのに、日本の外務省もUAE側もなぜか日本語の国名は「連邦」のまま使い続けて現在に至っている。

独立にあたってラスアルハイマがUAEに参加しなかったのは、ペルシャ湾に浮かぶ島をめぐるイランとの国境紛争で、他の六カ国と意見が分かれたため。

ラスアルハイマ領の大小トンブ島とシャルジャ領のアブムサ島は、ペルシャ湾の入り口にあたる要としてイギリス軍が駐屯していたが、イランはかねがね領有権を主張していた。UAEの独立でイギリス軍が撤退することを好機と見たイランは、独立二日前にこれらの島々に軍隊を上陸させた。実はイランとシャルジャとは事前に協定が成立していて、アブムサ島の領有権は曖昧にしたまま、住民はシャルジャが統治し軍事基地はイランが使い、イランはシャルジャに援助金を支払い、石油が出たら利益は折半することで合意。しかしラスアルハイマはイランとの協定を拒否したため島を占領され、他の首長国が助けてくれなかったとへそを曲げたのだった。結局イランと妥協したシャルジャの首長は、皇太子によるクーデターで翌月殺されてしまい、それをきっかけにラスアルハイマも二カ月遅れでUAEに加盟することになった。

大統領をアブダビ首長が世襲するアブダビ主導の体制も、ラスアルハイマにとっては不満だったのだが、現実に連邦政府の財源はアブダビが八割を負担。一割はドバイ、一割は連邦政府の税収によるもので、他の五つの首長国は負担ゼロ。その連邦予算によって、本来はたいした産業がなかった各首長国でも先進国顔負けのインフラ整備が進められたわけで、現在ではアブダビ主導の体制も「金を出してくれていることだし」ということで、すっかり定着したようだ。首都はＦＡＥの時代にはドバイに置かれ、ＵＡＥに変わってアブダビに移ったが、長い間臨時首都のままで、一九九六年にようやく正式な首都となっている。

アフリカ大陸統一の先陣を切った百日国家
ザンジバル

■人口：九八万四六二五人（二〇〇二年）／首都：ザンジバル／面積：二五三四㎢

東西ドイツや南北ベトナム、南北イエメンのように、分断国家が統一して一つの国になるのはともかく、まったく別々の国が対等に合併して一つの国になるのは並大抵ではない。戦後これまでにエジプトとシリアが合併した「アラブ連合」や、イラクとヨルダンが合併した

「アラブ連邦」などの国が生まれたが、数カ月か数年のうちに解体してしまった。そんななかで、合併して何十年も続いている珍しいケースがタンザニアだ。

タンザニアは一九六四年にタンガニーカとザンジバルが対等合併して成立した連邦国家。対等といっても、大陸のタンガニーカが人口四〇〇〇万人以上に対して、インド洋に浮かぶ二つの島からなるザンジバルはわずか一〇〇万人たらず。それでも、ザンジバルは独自の大統領を擁して外交、防衛、通貨を除く自治権を持ち、入国審査も別々なので、同じ国なのに相互の行き来にはパスポートが必要だ。

財政的にもザンジバルは独立している。タンガニーカでは一九六七年から進められたウジャマー政策（村落共同体を中心にしたアフリカ式社会主義）で経済が低迷し続けたが、ザンジバルは特産品である丁子《ちょうじ》（香辛料の一つ）の輸出で潤い続けた。ザンジバルには一九七〇年代からテレビ局がありアフリカで最初のカラー放送を実施していたのに、タンガニーカでは一九九〇年代半ばまでテレビ局がなかったほど。「富の平等」をへたに行なわず、自治権の下でそれなりの地域格差を認めたことが、一つの国として共存できている秘訣だろう。

かつてタンガニーカはドイツ植民地、ザンジバルはイギリス植民地だったが、それ以前、一九世紀後半まではどちらもオマーンの領土だった。オマーンは今でこそアラビア半島の小さな国だが、一八世紀から一九世紀にかけてはインド洋を制する大海洋帝国で、北は現在のパキスタン西部から南はアフリカ東岸に至る広大な地域を支配していた。

アフリカにおけるオマーン帝国の拠点だったのがザンジバルで、一八三二年にはスルタンのサイード・サイド王が首都をザンジバルへ移したほど。当時のザンジバルは喜望峰回りの貿易拠点だったほか、黒人奴隷や象牙の輸出港としても栄え、奴隷を使って丁子の栽培も盛んになり、スルタンに大きな富をもたらした。一八五六年にサイード・サイド王が死ぬと後継者をめぐってオマーン宮廷では内紛が続き、イギリスの介入でサイド王の二人の息子がオマーン本土とザンジバルを分け合うことになり、一八六一年にザンジバルはオマーンから独立した。

しかしこの頃からザンジバルの繁栄は衰退し始める。一八六九年のスエズ運河の開通で東西貿易の拠点としての重要性はなくなり、イギリスの圧力で奴隷貿易もやりづらくなった。またイギリスとドイツがアフリカ東岸の領土を奪い、一八九〇年についにザンジバルはイギリスの植民地になってしまった。ただし内政では引き続きスルタンが君臨し続け、土地を所有する少数派のアラブ人が、多数派の黒人を支配する構造は変わらなかった。

一九五〇年代末になるとアフリカ各地で独立の気運が高まり、ニエレレに率いられたタンガニーカは一九六一年に独立。ザンジバルもスルタンの下で独立準備が進められ、議会開設に向けて政党が結成された。一つはアラブ人が中心のザンジバル国民党で立憲君主制での独立を主張、もう一つは黒人が主体のアフロ・シラジ党（ASP）で、当初はイギリス人がいなくなったら再びスルタンの下で奴隷制度に戻るのでは、と独立には慎重だったが、やがて急進派がウンマ党（大衆党）を作り、「社会主義国になってアラブ人の土地や財産を没収すればいい」と主張し始めた。

独立を控えて一九六三年に行なわれた選挙では、多数派の黒人に支持されたＡＳＰが得票率では上回ったのに、恣意的な選挙区割りのおかげで議席数では国民党が勝利。こうしてスルタンと国民党の政府はザンジバル王国として独立するが、一カ月後に「こんな選挙はインチキだ」と黒人たちが暴動を起こしてあえなく崩壊。五万人のアラブ人住民のうち三日間で一万人以上が犠牲となり、スルタンはヨットに乗って逃亡し、ザンジバル人民共和国が誕生した。

大統領にはＡＳＰのカルメが就任したが、議会に代わって設立された革命評議会ではウンマ党が実権を握り、産業の国有化を進めたり、「内政に干渉しようとしている」とアメリカ大使を追放したため、ザンジバルは一躍「アフリカのキューバ」と呼ばれるようになった。ウンマ党の過激さに悩んだカルメはニエレレと秘密交渉を進め、一九六四年にザンジバル人民共和国はタンガニーカと合併し、わずか一〇〇日足らずで消滅してしまった。

ニエレレがザンジバルに大幅な自治権を認めたのは、タンザニアを「アフリカ統一のモデル」にしたかったからだった。当時のアフリカ諸国では、かつてヨーロッパ人が勝手に決めた国境線を取り払い、ブラック・パワーで団結しようという気運が盛り上がっていた。ニエレレは一九六三年に設立されたアフリカ統一機構で中心的な役割を果たし、一九六七年にはタンザニアとケニア、ウガンダの三カ国で合衆国スタイルの統合を目指す東アフリカ共同体も成立させた人だった。

統一にとって最大の障害は、それぞれの権力者が権力を失うことを恐れ、「総論賛成、各論反対」になることで、「統一したって、一国の主のままでいられる方法があるんですよ」という実例を、ザンジバルで示そうとしたのだ。

タンザニアは、タンガニーカではタンガニーカ・アフリカ民族同盟（TANU）による一党独裁、ザンジバルではASPによる一党独裁（後に両党は合併して革命党になる）が続いてきたが、一九九二年に複数政党制の導入で民主化が実現した。

しかし民主化によって「地元の富は自分たちだけで使いたい」という地域の要求が表面化し、分離独立の動きが活発化したのは、旧ソ連や東欧圏と同じ。タンザニアでも近年はザンジバルの独立運動が盛んになり、また同時にザンジバル内部でも丁子の八割を生産するペンバ島で不満が高まっているようだ。

本当のアメリカ大陸発見者はバイキング
グリーンランド

■人口：五万六三七五人（二〇〇五年）／首都：ヌーク／面積：二一六万六〇八六㎢

世界で最も皮肉な地名は「グリーンランド」。そのネーミングとは裏腹に、陸地の大部分は平均二一三二m、最高で三二三一mという厚い氷と万年雪に覆われ、人が住めるのはわずかな沿岸部だけ。面積は日本の約六倍という世界最大の島だが、人口は五万六〇〇〇人しかいない。

住民の八八%はエスキモーで、残りはデンマーク人。エスキモーという呼び方は、「生肉を食べる人」という意味で差別的だと、近年では「イヌイット」と言い換えることが多い。しかしイヌイットはカナダ・エスキモーの自称で、グリーンランドではイヌイットといわないし、当人たちが「エスキモー」だと名乗っているので、最近では再びエスキモーという呼称も使うようになった。エスキモーは日本人と同じくモンゴロイドだが、グリーンランドのエスキモーはデンマーク人との混血が進み、外見はほとんど白人という人も少なくない。

世界地図ではわかりにくいが、グリーンランドの位置はほとんどカナダの北部と接していて、陸続きではないけれど氷続き。そこがなぜヨーロッパの小国・デンマークの領土なのかといえば、中世のスカンジナビア半島を拠点に活躍した海の勇者・バイキングのおかげだ。バイキングは当時のキリスト教社会から海賊として恐れられ、イギリスやフランス、ロシアなどを征服してノルマン系の王朝を建てたが、果敢な開拓者でもあり、アイスランドやグリーンランドにも入植した。グリーンランドに最初に定住したバイキングは、「赤毛のエリック」と呼ばれた男で、グリーンランドという地名も彼が名付け親だ。

エリックはノルウェー生まれで、父親が殺人を犯したためアイスランドへ移住。しかしエリックもアイスランドで殺人を犯して追放され、流れ着いた場所がグリーンランドだった。エリックは九八五年にアイスランドへ戻ると、自分が新たに発見した島への入植を呼びかけたが、その時の謳い文句が「緑の大地を見つけたぞ!」。要するに詐欺みたいな人集めだが、その時代は気候がいくぶん温暖で実際に緑もあったという説もある。ともあれ、エリックたちは二五隻の船でアイスランドを出発し、うち一四隻がグリーンランドへ到着した。

しかし主食のトウモロコシ栽培は難しく、入植者たちは牛や羊を飼い、捕まえた海獣や北極熊の毛皮やセイウチの牙を輸出し、穀物や日用品を輸入して暮らしていた。本当に「緑の大地」はないのかと、エリックの息子レイフが探検に出かけてヴィンランドを発見したが、こちらへ向かった入植者は先住民に追い払われてほどなく撤退。ヴィンランドはカナダ東部のニューファンドランド島のことで、コロンブスより五〇〇年も前に、エリックの息子がヨーロッパ人として初めてアメリカを発見していたようだ。

グリーンランドのバイキングは五〇〇〇人に達したが、一五世紀に忽然《こつぜん》と姿を消す。その原因は伝染病（ペスト）の流行とも気候の変化ともいわれている。同じ時期にエスキモーたちもカナダからグリーンランド北部へ移住していたが、集団で凍死したと見られるエスキモーのミイラ八体が発掘されていて、この時期にバイキングの生存を脅かした大寒波が、入植地を襲ったのかもしれない。

バイキングの入植で、グリーンランドはアイスランドとともにノルウェー領と見なされたが、ノルウェーは一五三六年にデンマークの属国（同君連合）となってしまう。デンマークによってグリーンランドへの入植が再び本格化したのは一七二一年で、エスキモーに統治を及ぼすことはなく、王立グリーンランド貿易会社がエスキモーとの交易を独占する形で支配し、宣教師によってエスキモーをキリスト教に改宗していった。

ノルウェーは一八一四年にデンマークの支配から離れたが、入植地はデンマーク領として残され、一九一八年にはアイスランドが独立した。第二次世界大戦で、デンマークはナチス・ドイツに占領されるが、グリーンランドは米軍が占領。一九五三年にグリーンランドはデンマークへ返還されたが、この時エスキモーにも選挙権が与えられ、グリーンランドはそれまでの植民地から本国の一部分という扱いになった。

一九七九年にはエスキモーが中心となった自治政府が発足した。自治政府には独自の首相がいて、外交や防衛、司法、警察を除いて強い権限を持っている。外交に関しても、デンマークはEU加盟国なのに、グリーンランドはEUに加盟していない。これは一九八五年に、自治政府が漁獲割り当てをめぐってEUの前身であるEC（欧州共同体）と対立して、脱退してしまったから。アザラシや魚、クジラなどを捕って暮らす漁労民族のエスキモーにとって、工業国や農業国の判断で生活の糧である漁を制限されてはタマラナイということだろう。

政治的な自立を果たしたグリーンランドだが、経済的な自立は難しい。豊富な地下資源があることはわかっているが、分厚い氷の下なので採掘は困難だし、厳寒の冬は白夜ならぬ黒昼なので、観光客を呼べる季節は限られている。産業は漁業中心で、自治政府の財政は半分近くがデンマークからの補助金だ。

ところで、デンマークにはもう一つ自治政府がある。イギリスとアイスランド、ノルウェーの中間にあるフェロー諸島だ。四万八〇〇〇人の住民のほとんどは、かつてノルウェーから移住したバイキングの子孫で、アイスランド語に近いフェロー語を話し、住民のアイデンティティもデンマーク人よりアイスランド人。アイスランドが独立した際に、フェロー諸島はデンマーク領のまま残ったので、住民の不満が強く、一九四六年に独立を宣言したが、二年後に自治政府が発足した。やはり漁業や捕鯨問題で対立し、こちらは最初からECやEUには加盟していない。

フェロー諸島の産業は羊の放牧や漁業だが、近年は北海油田の開発が本格化して、経済的に大きな収益となりそう。フェロー諸島自治政府は、「二〇一二年までに完全独立する」と宣言していたが、デンマークとの交渉は暗礁に乗り上げたまま。果たして「ヨーロッパのブルネイ」は誕生するか？

独立をアメリカに掠《かす》め取られた地域の現状

プエルトリコ

■人口：三九一万六六三二人（二〇〇五年）／首都：サンファン／面積：九一〇四㎢

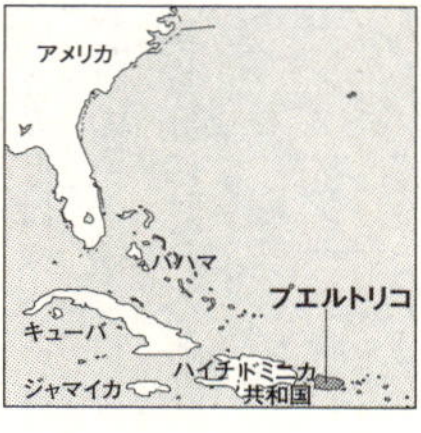

星条旗の星にもなっているが、アメリカ合衆国を構成する州の数は五〇。実際にはそれとワシントンDC（連邦政府直轄地域）があり、さらに太平洋やカリブ海にはいくつかの海外領土がある。日本人にはサイパンやグアムがなじみ深いが、独立をめぐり揺らぎ続けているのがプエルトリコだ。

海外領土とは一時代前でいうところの植民地。アメリカの場合、住民は大統領選挙の参政権を持っていないし、連邦議会に代表を送っても投票権はない。アメリカの海外領土は、住民の参政権や市民権によっていくつかのランクに分かれ、プエルトリコと北マリアナ連邦は自治領（自由連合州）で、グアムと米領バージン諸島は非合併領（準州）、米領サモアは非組織非合併領だ。

自治領は外交や防衛は連邦政府が担当するが、独自の憲法に基づいた議会があって、大幅な内政自治権を持つ。プエルトリコのトップは知事だが、北マリアナは大統領。準州はそこまでの自治権はなく、米領サモアの住民にはアメリカの市民権が与えられない。

さて、プエルトリコはカリブ海に浮かぶ島で、小さな独立国や米英仏蘭の植民地が入り乱れる西インド諸島のほぼ中央。面積は鹿児島県とほぼ同じ。人口三九〇万人の八〇％がスペイン系、八％が黒人で、先住民のインディオは一万数千人ほど。住民のほとんどはスペイン語を話し、一九世紀末まではスペインの植民地だった。白壁の町並みや石畳の道が続く首都サンファンの旧市街は、今もラテンの雰囲気がいっぱいで、アメリカ人が気軽に訪れる避寒リゾート地として人気が高い。

プエルトリコは一四九三年にコロンブスが二度目の航海で発見し、「サンファン」と命名してスペイン国王に献上した。スペイン人は島にプエルト・リコ（素晴らしい港）という町を築いたが、いつの間にか島名と都市名が入れ替わってしまった。

スペインによる過酷な統治で先住民はたちまち激減し、代わって白人やアフリカから奴隷として連れて来られた黒人が入植したが、サトウキビのプランテーションが発展したキューバと違って、山が多いプエルトリコは大規模農業には向かなかった。しかしヨーロッパから見て中南米の入口に位置したので、スペインと新大陸の植民地との中継地として栄えた。

一九世紀に入ると、中南米のスペイン植民地は次々と独立し、プエルトリコでも独立や自治を求める声が高まった。スペインは残ったキューバとプエルトリコに自治権を与えて議会を設置したが、キューバでは独立を求めるゲリラ戦が続き、これにスペインに代わって勢力を築こうと虎視《こし》眈々《たんたん》と狙っていたアメリカが介入。一八九八年の米西戦争で、アメリカはスペインからキューバとプエルトリコ、フィリピン、グアム島を獲得した。

キューバはアメリカの保護国としてまがりなりにも独立を認められたが、プエルトリコはアメリカから派遣された弁務官が支配する植民地となり、スペイン時代に獲得した自治権まで奪われてしまった。その後アメリカは段階的に自治を認めることにして、一九一〇年に議会を開設し、四八年には住民が選挙で選んだ知事が弁務官に代わって行政のトップに就き、五二年にプエルトリコ憲法が制定されて自治領となった。しかし現在に至るまで独立派と自治派、州昇格派の三つの勢力が競い合っている。

アメリカ領になってから、プエルトリコにはアメリカ資本が大挙して進出し、土地が買い占められて農民は困窮した。プエルトリコの一人あたりの国民所得（GNI）は八三七〇ドル（一九九七年）で、アメリカ本土の四分の一に過ぎない。これはアメリカ資本による搾取《さくしゅ》が原因だから、プエルトリコの富をプエルトリコ人の手に取り戻すために独立すべきだ、というのが独立派の主張。一九五〇年代にはトルーマン大統領の暗殺未遂事件や連邦議会襲撃事件を起こし、六〇年代から八〇年代にかけては、武装ゲリラやテロが活発となったこともある。

一方で、プエルトリコの国民所得はアメリカ本土と比べたら低いとはいえ、カリブ海では高水準で、隣のドミニカ共和国の四倍、ハイチの二〇倍だ。アメリカと一体となることはプエルトリコの発展のために不可欠で、ハワイのように州に昇格してアメリカ国民として同等の権利を獲得すべき、というのが州昇格派の主張で、経済発展で生まれた新興資本家や中産階級が支持層だ。

アメリカはプエルトリコの将来について、これまで三回の住民投票を実施している。一九九八年の住民投票では、州昇格が四六・五%、独立が二・五%、自治領のままが〇・一%に対して、「どれも選択しない」が五〇・二%を占めた。これはプエルトリコ人の本音は自治権の拡大だったのに、そういう選択肢がなかったためで、結果としてプエルトリコは現状のまま続くことになった。

独立派は支持者の貧困層がどんどんアメリカ本土へ移住したため長期低落が続いている。アメリカ本土に住むプエルトリコ人は三〇〇万人を超え、ニューヨークにはプエルトリコ人の町「ヒスパニック・ハーレム」ができて、黒人街の本家ハーレムを圧倒しつつある。プエルトリコが独立してしまうと、アメリカの市民権が失われて自由に出稼ぎに行けなくなる現実がある。

一方で、プエルトリコは大統領選や連邦議会への参政権がない代わりに、連邦政府が課税する住民税や法人税もなく、アメリカ本土と比べて税金が安い。そしてアメリカで唯一、オバマ政権誕生前から健康保険制度があったりと特別扱いをされている。住民投票で州昇格派が僅差で敗れたのは、「政治的権利よりも税金の安さ」が選択された結果だった。

もっとも、アメリカがプエルトリコに損な役割を押し付けていることも事実。プエルトリコの沖合にあるビエケス島は、島の四分の三が米軍基地という基地の島だが、演習で劣化ウラン弾が使用され、周辺住民にガンが多発していることが一九九九年に明るみになった。プエルトリコでは知事を先頭に基地撤去の運動が盛り上がり、四年がかりでビエケス島の基地は閉鎖されたが、アメリカに対するプエルトリコ人の不信感はまだ根強いようだ。

世界第二位のお金持ち地域のはずなのに……

バミューダ諸島

■人口：六万五三六五人（二〇〇五年）／首都：ハミルトン／面積：五三・三㎢

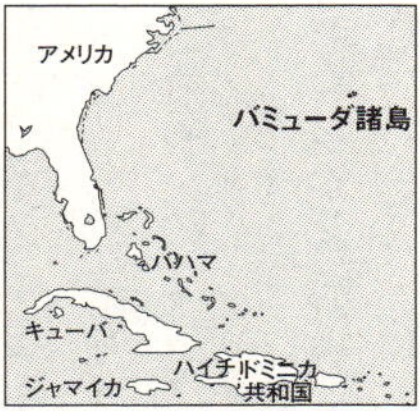

世界で一番お金持ちの国は、どこでしょう？　バブルがとっくにはじけた日本は論外とし

て、アメリカかはたまたアラブの産油国かと思えば、一人あたりの国民所得（GNI）ではルクセンブルクが一位。そして国ではないがイギリス植民地のバミューダが二位（三位の年もあるが）でそれに次ぐ。日本のGNIが三万四一八〇ドルに対して、バミューダは四万ドル以上。船や飛行機が謎の行方不明となるバミューダ・トライアングルで有名だが、タックスヘイブン（租税回避地）として繁栄しているのだ。

タックスヘイブンとは、所得税や法人税の税率がとても低い、またはゼロという場所のこと。アジアでは香港やシンガポール、マレーシアのラブアン島、中東ではドバイやバーレーン、ヨーロッパではルクセンブルクやモナコ、サンマリノ、イギリス領マン島などが知られているが、カリブ海のイギリス植民地にこの手の有名どころが多く、ケイマン諸島、バージン諸島、アンギラなどへ、世界各地から節税対策のためのペーパーカンパニーが集まっている。

税金がほとんどゼロで地元はどうして潤うのかといえば、ロクな産業がない小国や小植民地にとっては、形だけのオフィスが置かれて数人の事務員が雇われるだけでも、十分な経済収入になる。

タックスヘイブンと呼ばれる場所には、それぞれに得意分野があって、バミューダがウリにしているのは保険業界。損害保険では保険会社が引き受けた契約を、リスク分散のために他の保険会社へ再保険するのがふつうだが、損保A社がバミューダに系列の損保B社を設立して、A社がクライアントから徴収した保険料の大半を、B社へ再保険することにして支払えば、A社の利益の大半は法人税がかからないバミューダへ移されることになる。

さらに企業自身が自社専用の保険会社（キャプティブ）をバミューダに設立して、そこへせっせと保険金を支払うと、合法的に利益の一部を税のかからない場所で留保できる。バミューダにはキャプティブが一五〇〇社以上あると見られ、近年は日本企業でもバミューダにキャプティブを設立するケースが増えている。なにしろ香港きっての大富豪の李嘉誠一族が、バミューダ諸島に家族会社を作って財産を移したくらいだから、ここには並みのタックスへイブンより、さらにオトクなことがあるらしい。

さてバミューダ諸島は約一五〇の珊瑚礁からなる地域で、面積は約五三㎢で三宅島とほぼ同じ。人口は六万五〇〇〇人ほどで、そのうち五五％が黒人、三四％が白人。一五〇三年にスペイン人が発見したが、本格的な入植が始まったのは、イギリスからアメリカのバージニアへ向かう移民船がここで難破した一六〇九年のこと。

一六八四年に正式なイギリス植民地となり、タバコの栽培が盛んになったが、二〇世紀に入るとアメリカ人の避寒地として脚光を浴びる。バミューダ諸島はニューヨーク沖の大西洋にあるので、カリブ海より気軽に行けるリゾート地として賑わったのだ。第二次世界大戦ではその戦略的な位置が重視され、全土の一割が米軍基地にもなった。基地が閉鎖されたのは二〇〇二年のこと。

バミューダは「王領植民地」とされているが、現在残っているイギリス植民地のなかでは最も自治権が強い地域だ。一九六八年に憲法が制定され、二院制の議会が開設されている。女王の代理人としてイギリスから派遣された総督は外交と防衛の権限を持つが、内政は下院で選出された首相に任されて、実質的には英連邦内の独立国に近い。バミューダの議会は、白人資産家が支持基盤のバミューダ連合党（UBP）と黒人労働者が基盤の進歩労働党（PLP）による二大政党制が続き、当初は資産に応じて参政権が与えられたので（例えば土地を二カ所持っている人は二カ所で投票できた）、UBPが圧勝していたが、徐々に資産条件が緩和されて、一九九八年にはPLPによる内閣が誕生した。

経済的に豊かになり政治的にも自立していれば、独立の要求が出てくるのは当然のこと。バミューダでもイギリスからの独立を求める動きがあり、PLPはかねてから「他国（イギリス）による支配の下では、いかなる政府も民主的であるはずがない」と独立を主張していた。しかし一九九五年の住民投票では、独立賛成は二五％で、七三％がイギリス植民地として残ることを選択。PLPは住民投票ボイコットを呼びかけていたが、政権に就いてからは「独立は当面主張しない」と方針を転換した。

世界最高水準の国民所得を誇るのに、多くの住民が植民地のままでいいと言うのは、バミューダがタックスヘイブンで成功している理由がイギリス領だから。ただ単に税金が安いというだけでは、大西洋に浮かぶ人口数万人の得体の知れない島に資産を移す企業は現われない。ある日突然クーデターが起きて政策が変わるかもしれないし、外国企業の資産接収などと言い出したら目も当てられない。バミューダはイギリス領だから、英米法が適用されるし会計制度はイギリスと同じ。万が一トラブルになっても英国枢密院へ上訴することができる。タックスヘイブンにイギリス植民地が多いのはそのためなのだ。

もっとも、所得税や法人税がない代わりに、バミューダ政府の財政は輸入関税に依存している。だから工業製品はもちろん食糧の多くも輸入に頼っているバミューダは物価が高い。外国企業や資産家にとっては「税金天国」でも、そこで暮らす一般庶民にとっては「物価地獄」なのだ。

一人あたりの国民所得が高いといっても、実際には海外からの帳簿上だけの投資額が含まれているからで、住民の二〇%は貧困層。とはいえ、貧しい人にとっても、独立したらイギリスへ出稼ぎに行けなくなって困る、ということで、やはり植民地支持派が多いようだ。

ハローキティ金貨が通用するオチャメな島々

クック諸島
ニウエ

■［クック諸島］人口：一万三五七二人（二〇〇六年）／首都：アバルア／面積：二三七㎢
■［ニウエ］人口：一五九一人（二〇〇六年）／首都：アロフィ／面積：二五九㎢

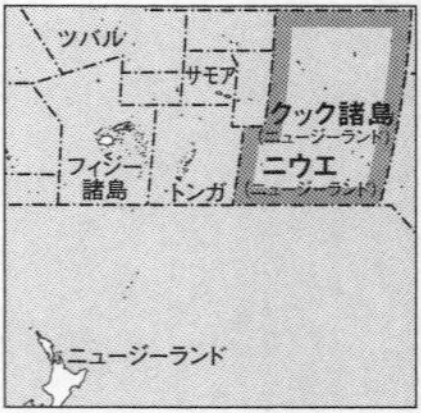

独立国なのかどうか微妙な存在として、「自由連合国家」というものがある。これは外交や防衛などの権限を他国に委ねた国のことで、アメリカと自由連合を結んだパラオ、マーシャル諸島、ミクロネシア連邦や、ニュージーランドと自由連合を結んだクック諸島とニウエが存在する。列強諸国が世界各地に植民地を持っていた時代の保護国（例えば伊藤博文が統監をしていた時代の韓国や、アメリカのパナマ、キューバ、イギリスのブルネイ、オマーンなど）と似てなくもないが、保護国は列強側が内政監督権や治外法権、その他さまざまな経済的利権も有していたのに対して、自由連合国家はあくまで対等な立場での連合で、「提携国家」とも呼ばれている。

ところが自由連合国家にも扱いの違いがあるようで、日本政府はアメリカと連合を結んだ三カ国については独立国と同様に承認して国交を結んでいるのに、ニュージーランドと連合しているクック諸島やニウエは、国家として認めていない。これは世界の多くの国も同じで、クック諸島を国として認めているのはヨーロッパを中心に二十数カ国だけ。ニウエを認めている国は中国だけだ。

さて、クック諸島は一八世紀後半に太平洋の島々を探検したイギリスのクック船長が調査したことから命名されたもの。北クック諸島と南クック諸島に分かれ、南北一〇〇〇km以上の範囲に一五の島々が散らばっている。

ここにもとから住んでいたのはポリネシア系のマオリ人で、南クック諸島の島々は、一八八八年にイギリスの保護領となったが、北クック諸島については四年後に領有宣言をしたものの、実際のところは曖昧だった。イギリスは一九〇一年にクック諸島を、当時はイギリスの自治領だったニュージーランドの管轄に移したが、北クック諸島ではすでに一八七三年から、アメリカ商人がコプラ（椰子《やし》の果肉を乾燥させたもの）や綿花のプランテーションを開いていた。当時のアメリカには、島の発見者が届け出ればその利用権を認め、同時にその島はアメリカ領とするという法律（グアノ法）があり、翌年その商人がアメリカ政府に利用を届け出ていたのだった。

しかしニュージーランドもアメリカも、北クック諸島に役人を派遣しようとせず、島はアメリカ人やドイツ人、ニュージーランド人の間で転売され、一九二六年に南太平洋一帯でプランテーションを経営していたバーンズ・フィリップ社が購入して支配していた。アメリカもイギリスも島の領有権を主張することでお互い対立したくなかったし、会社にとっては国家権力に統治されない方が好都合。そして自給自足で暮らす島民たちにとってはどこの領土になろうが関係なかった。

やがて太平洋戦争が始まると、バーンズ・フィリップ社は南太平洋での事業を断念し、イギリスとアメリカに島を買い取るように求めた。これに応じたのがイギリスで、ニュージーランドに命じて購入させた。こうしてクック諸島は一九四五年に南北ともにニュージーランド領になったのだが、ニュージーランドにとってはもともと宗主国のイギリスから管轄を移されたり、購入を命じられたりしたわけで、統治を渋々引き受けたというのが実情だった。一九四七年にニュージーランドはイギリスから正式に独立し、クック諸島でも本格的な統治に取り組んだ。まず土地改革を行なって所有権を明確にしようとしたが、土地は村全体のものという伝統的な共有地概念で暮らしてきた島民たちは猛反発。また会社が撤退した後、島民は自分たちでコプラの生産をしていたが、政府は輸出商品であるコプラの品質向上のために、厳しく指導し始めたことも島民たちの怒りをかった。こうしてクック諸島の自治を要求するクック諸島進歩協会（ＣＩＰＡ）が勢力を伸ばしてニュージーランド政府を批判。一九六五年にクック諸島は独自の憲法と議会、首相を擁することになり、ニュージーランドと自由連合を結んだ。

ニュージーランドとしてはいっそ独立してほしかったが、島民たちが要求していたのはあくまで自治だったので、とりあえずその中間のような形態になったということ。独立を要求しなかったのは、多くの島民がニュージーランドへ出稼ぎに行っていたからで、正式な独立国になれば、ニュージーランドの市民権を失いかねず、困るのは島民たちだ。

こうして国か国でないのか曖昧になったクック諸島だが、ニュージーランド側は早く自立をするように求めていて、一九七三年には「自由連合を終了する権利」が確認された。クック諸島は貿易赤字を観光やニュージーランドで働く島民からの送金で補っているが、漁業や真珠の養殖などにも力を入れて経済的自立を図っている。外交はニュージーランド政府が責任を持つものの、南太平洋の域内協力や国際機関への加盟には積極的で、自立の方向に向かいつつある。

クック諸島ではニュージーランド・ドルが使われているが、独自の硬貨も発行していて、世界でも珍しい三角形のコインを使っている。二〇〇四年にはなんとハローキティ金貨と銀貨を発行した。表にエリザベス女王、裏に和服姿のキティちゃんというデザインで、法定通貨として島ではちゃんと使えるらしい。

一方でもう一つの自由連合国家ニウエだが、こちらもクック諸島と同じような経緯をたどった。クック船長が訪れた時は島民たちに攻撃されて「野蛮人の島」と命名されたが、その後一九〇〇年にイギリスの保護領となり、翌年にニュージーランドの管轄に移され、一九七四年に自由連合国家となった。しかし一九七〇年代には四〇〇〇人いた人口は、島民たちがどんどんニュージーランドへ移住してしまい、現在では半数以下に。経済はニュージーランドに住む一万八〇〇〇人のニウエ人からの送金やニュージーランド政府からの援助に頼っている。インターネットの格安ドメインとして売り出されている「nu」は、本来ニウエのカントリー・ドメインで、外貨獲得策の一つだ。

ニウエでは観光に力を入れようとしていたが、島への唯一の定期便を飛ばしていたトンガ航空が不採算に音《ね》を上げて二〇〇一年に路線を廃止。二〇〇四年にはサイクロンで大きな被害を受けて過疎化に拍車がかかり、クック諸島とは対照的に「国」の維持が危ぶまれる状況になっている。

鉱毒問題に端を発した、独立保留中の島
ブーゲンビル自治州

■人口：一七万五一六〇人（二〇〇〇年）／州都：アラワ／面積：九三一八㎢

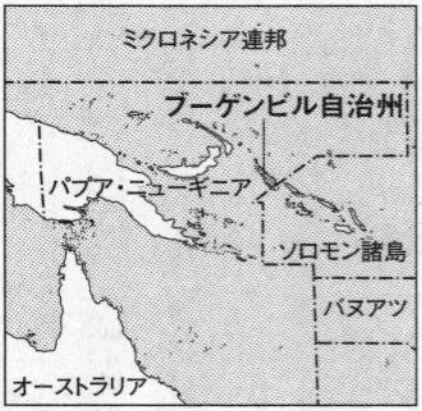

中央政府に大統領はいないのに、地方政府に大統領がいるという変わった国がパプア・ニューギニアだ。中央政府はイギリス国王（女王）が国家元首なので、首相はいても大統領はいないのだが、二〇〇五年六月に発足したブーゲンビル島の自治政府はトップが大統領。そ

して一〇～一五年後には住民投票を実施して、ブーゲンビル島が独立するかどうかを決める予定になっている。

ブーゲンビル島といっても現在の日本ではあまり馴染みがないが、かつての太平洋戦争では激戦地の一つ。連合艦隊の山本五十六《いそろく》長官が乗った飛行機が撃墜されたのはこの島だった。

パプア・ニューギニアは一九七五年にオーストラリアから独立したが、ブーゲンビル島はその時に「北ソロモン共和国」として、一九九〇年代には「ブーゲンビル共和国」として、二度にわたって独立を宣言している。特に一九八八年から一〇年間続いた独立戦争では、激しい戦闘に加えて中央政府の経済封鎖による食糧や医薬品の不足で、約二〇万人の島民のうち一割近くが犠牲になったといわれている。

ブーゲンビル島独立運動の直接のきっかけになったのは鉱山だ。島にあるパングナ鉱山はオーストラリア資本の経営で、かつては世界第三位の銅産出量を誇っていたほど。パプア・ニューギニアの外貨収入の六割近くを稼ぎ、そこから上がる税収は政府歳入の二〇％に達していたが、オーストラリア領時代からこれらの利益はほとんどが本国に吸い取られ、島民たちへは鉱山の地主にわずかな地代が支払われただけだった。

しかも昔の足尾銅山のように、鉱山から出る廃水はきちんと処理されずに垂れ流し状態だったため、川や海は鉱毒に汚染されて、魚は捕れず畑の作物は食べられなくなった。島に金はよこさず、公害だけをまき散らすのでは島民の怒りが爆発するのも無理からぬこと。一九八八年に島民たちが採掘会社に地代値上げを要求したのを皮切りに、抗議活動はデモから官庁襲撃、商店略奪、空港破壊とエスカレートして、鉱山は操業停止に追い込まれてしまった。

これに対して中央政府は軍隊を出動させて抗議する島民たちを弾圧。鉱山周辺の村を焼き払ったり、住民を強制キャンプに収容したため、島民たちの要求は地代の値上げからブーゲンビル島の独立へと変わり、鉱山の地主代表だったフランシス・オナが、ブーゲンビル革命軍（BRA）というゲリラ組織を結成。警察署や鉱山事務所を襲撃して武器を奪い、一九九〇年五月にはブーゲンビル共和国の独立を宣言した。

ブーゲンビル共和国の「閣僚名簿」には、島の知事だったジョセフ・カブイをはじめ、中央政府の下で高官をしていた人たちも名を連ね、独立は島ぐるみの要求だった。BRAはゲリラ戦を続けながら、国連へ提訴したが、ブーゲンビルの独立を承認する国は現われなかった。独立宣言に怒った中央政府は、ブーゲンビル島への交通をすべて遮断して、経済封鎖を実施したため、島では生活物資の不足で困窮し、マラリアなど伝染病の蔓延で多くの住民が命を落とすことになった。

ブーゲンビル島独立の背景には地政学的な問題もある。ブーゲンビル島からニューギニア本土へは五〇〇km以上も離れているのに、隣国のソロモン諸島へは目と鼻の先で、ほんの数kmの距離だ。

ニューギニア北東部とソロモン諸島北部はかつてドイツが支配していたが、ソロモン諸島北部は一九〇〇年にイギリスが買収し、それ以前からイギリス領だった南部と合わせて一九七八年に「ソロモン諸島」として独立。一方でブーゲンビル島を含むニューギニア北東部は、第一次世界大戦後にオーストラリアの委任統治領（後に信託統治領）となり、以前からオーストラリア領だったニューギニア南東部と合わせてパプア・ニューギニアとして独立した。つまり、島民たちの生活圏とは関係なく、旧イギリス領か旧オーストラリア領かで国境線が引かれてしまったのだ。

パプア・ニューギニアが独立した際にも、ブーゲンビル島では隣接するソロモン諸島の一部と「北ソロモン共和国」として分離独立しようとしたことがあった。この時は中央政府がブーゲンビル島に大幅な自治権を与える約束をしてなんとか収拾したが、鉱山問題をめぐって再び独立要求が噴出したということ。

ブーゲンビル島が一〇年にわたる経済封鎖でも何とか持ちこたえていたのも、ソロモン諸島との間で頻繁に密輸ボートが行き来していたから。ＢＲＡは「かつて日本軍が捨てていった武器を掘り起こして戦っている」としきりにアピールして、島へやって来たジャーナリストに旧日本軍の銃の写真を撮らせていたが、熱帯のジャングルで半世紀も野ざらしになっていた旧日本軍の武器が使えるはずはなく、この話はいくらなんでもマユツバもの。実際のところ、ＢＲＡが戦闘で使っていた武器は、ソロモン経由で密輸していたらしい。

中央政府にとってブーゲンビル島の独立は絶対に容認できなかった。パプア・ニューギニアは本土にも銅山があり、ブーゲンビル島の鉱山が閉鎖されている間にこちらが開発されて、政府の歳入を支えている。もしもブーゲンビル島の独立を許せば、本土でも銅山周辺の住民が独立を要求しかねない。五〇〇以上の民族がいるといわれるパプア・ニューギニアはばらばらになってしまう。

中央政府はオーストラリアから武器援助を受け、南アフリカから傭兵を雇って独立ゲリラの掃討を続けたが鎮圧できず、島民たちも多くの犠牲者を出して疲弊していた。こうして一九九八年には、オーストラリアとニュージーランドの仲介でようやく双方が停戦に合意し、国連監視下で選挙が行なわれて、ブーゲンビル自治政府が発足。初代大統領にはジョセフ・カブイが就任した。

あくまで即時独立にこだわるフランシス・オナは、少数の仲間を率いて鉱山に立てこもり、「メカムイ独立国」の樹立を宣言したが、二〇〇五年七月にマラリアで死去。カブイ大統領も三年後に死去した。新たに選出されたタニス大統領は元独立ゲリラの部隊長で、住民投票の実施による独立を主張している。銅鉱山が再開され、収益が島民に還元される日も遠くはなさそうだ。

なぜか台湾が領有権を主張するシベリアの小国

トゥバ共和国

■人口：三〇万七六〇〇人（二〇〇五年）／首都：クイズイル／面積：一七万〇五〇〇㎢

一九九一年にソ連が崩壊すると、かつて帝政ロシアやソ連によって併合されていた地域が堰《せき》を切ったように独立を宣言したが、一時は独立国でありながらソ連解体にあたっては「しばらくロシアに留まる」と宣言したのがトゥバ共和国。バイカル湖の西側でモンゴルと国境を接する場所にあって、面積は北海道の二倍ほど。人口約三〇万人のうち、七七％がトゥバ人で、二〇％がロシア人だ。

かつてトゥバはモンゴルとともに中国の一部で、清朝《しんちょう》の時代には唐努烏梁海（タンヌ・ウリャンハイ）と呼ばれていた。トゥバ人はトルコ系の言葉を話す遊牧民族で、草原に散在してテントで暮らす移動生活を送り、チベット仏教を信仰していた。

一九世紀後半になるとトゥバにはロシアが進出し始め、清朝と条約を結んでロシア人の入植が始まった。一九一一年に辛亥《しんがい》革命が起きて清朝が倒れると、モンゴルではチベット仏教の活仏であるボグド・ハーンの自治政府を経て、ソ連の後押しで一九二四年にモンゴル人民共和国として独立した。トゥバでは住民たちの多くは自分たちの土地は歴史的にモンゴルの一部分だと考え、モンゴルと一体となって独立することを望んでいたが、辛亥革命後にロシア人が大挙して移住し、一九一四年にはロシアの保護領になってしまった。

一九一七年のロシア革命後は、ソ連の赤軍と白軍（ソ連政府に対抗した帝政ロシア軍の残党）、さらにトゥバを奪還しようとする中国軍などが入り乱れて混乱したが、やがて赤軍が占領し、一九二一年にタンヌ・トゥバ共和国として中国からの独立を一方的に宣言した。当初はモンゴルと同様にチベット仏教の高僧が権力を持っていたが、やがてソ連の支援を受けた親ソ派の力が強まり、一九二六年にはトゥバ人民共和国と改称した。

それでも初代首相のドンドゥグは、チベット仏教を国教と宣言して、共通の文化や宗教を持つモンゴルとの合併を目指していた。モンゴルもトゥバの領有権を主張し、ソ連に「トゥバ返還」を要求していたが、一九二九年にトゥバでクーデターが起きて親ソ派が完全に権力を掌握。ソ連の衛星国となって、モンゴルとの合併要求は厳しく弾圧された。トゥバでは文章語としてモンゴル語を使っていたが、ラテン文字によるトゥバ語の正書法、後にキリル文字によるものが制定されて、モンゴルからの文化的脱却が図られた。もっともトゥバを独立国として承認していたのは、ソ連とモンゴルだけで、国際的にはまだ中国の一部ということになっていた。当時日本で発行された世界地図でも、トゥバは中国と同じ色で塗られている。

当時のトゥバの人口は六万余で、ロシア人が建設した首都クイズイルのほかに町はなく、実質的にはソ連の一部となり、「反乱を企てた」としてチベット仏教は弾圧され、牧畜や農業は集団化されていった。そして一九四四年、トゥバ政府はソ連への加盟を申請して併合されてしまう。当初はロシア共和国内のトゥバ自治州という地位だったが、一九六一年に自治共和国に昇格した。

さて、ソ連末期になり、他の地域同様にトゥバでも民族対立が激しくなり、トゥバ人とロシア人との間の喧嘩によって一年間で八八人の死者を出し、一時は人口の三分の一を占めたロシア人の流出が始まった。トゥバはかつて独立国だったこともあって、ソ連崩壊時には再びトゥバ人民共和国として「主権宣言」を行ない、独立へ向けて動き出したかに見えたが、結局一九九二年に議会で「ロシア連邦にしばらく留まる」ことを決議。翌年トゥバ共和国として新しく制定した憲法では、ロシアからの離脱にあたっての住民投票を認める規定があるが、ロシア憲法では加盟共和国の独立を認める規定はなく、もし将来トゥバが独立を求めたら紛糾することになりそうだ。

トゥバが独立を断念した背景には、経済的自立の難しさがある。ソ連時代に建設された工場の多くは、ロシア人技術者の流出で閉鎖され、トゥバ政府の財政の大部分は依然としてモスクワに頼っているし、密輸やマリファナ栽培も盛んになったといわれている。

トゥバでは工業化よりも、草原が広がる自然を生かした観光立国を目指している。ソ連時代には廃れていた伝統行事が復活して、トゥバ人の独特なホーメイ（喉歌）は、日本でも注目されるようになった。チャイナドレスやキョンシー・スタイルの原型のような民族衣装を着る人も増えているようだ。スターリン時代にはすべての寺院が破壊されたチベット仏教も再び盛んになり、一九九二年にはダライ・ラマ一四世がトゥバを訪問して、寺院の再建やチベット医学の指導などで協定を結んでいる。

現在ではロシアとの関係は良好で、トゥバ共和国ではトゥバ語を国語に、ロシア語を公用語と定めている。トゥバ独立を目指す政党は存在するものの、具体的に独立に向けた動きはない。かつてトゥバの領有権を主張していたモンゴルや中国も、トゥバがロシアの一部であることを認めている。

そんななかで、トゥバを自国の領土だと主張し続けているのが台湾政府。台湾政府＝中華民国は、一九四九年に共産党との内戦に敗れて台湾にいるものの、公式には現在でも中国大陸は中華民国の領土だという立場。さらに台湾政府が主張する中国大陸の領土は、辛亥革命で清朝から受け継いだ当時の範囲だから、モンゴルの独立は認めていないし、トゥバも中華民国の一部ということになっている。台湾政府が最近まで作成していた全国地図では、トゥバは「唐努烏梁海」として記載されていた。

もっとも、一九九〇年代に入って李登輝政権が中国大陸を実質的に別の国家と見なすようになって以来、台湾がトゥバの領有権を口にしたことはない。台湾政府には蒙蔵委員会という部署があって、ここがチベットやモンゴル、そしてモンゴルの一部ということになっているトゥバの統治を担当することになっているが、今は実際には留学生受け入れや文化交流などをやっているに過ぎない。

旧ソ連の民族と政治問題の縮図となった黒海の半島

クリミア自治共和国

■人口：一九九万四三〇〇人（二〇〇五年）／首都：シンフェロポリ／面積：二万六一四〇㎢

クリミア半島といえば、「ヤルタ会談」が開かれたヤルタがある場所。帝政ロシアでは貴族、ソ連では共産党幹部、つまり歴代ロシアの偉い人たちの保養地として有名だ。一九九一年にゴルバチョフ大統領が休暇中にクーデターで軟禁されたのも、クリミア半島の別荘でのこと。あの事件はソ連解体の最後を飾る出来事になってしまったが、ソ連なき現在のクリミアは、ウクライナ領のクリミア自治共和国になっている。しかしウクライナ領と確定するまでには波乱があり、ソ連が解体してから二度にわたって、「クリミア共和国」として独立を宣言したことがある。

クリミアはウクライナの中にあってロシア人の人口が多い地域だ。ウクライナの民族別人口は、ウクライナ人七八%に対してロシア人一七%だが、クリミアではウクライナ人二四%に対してロシア人が五八%と逆転。実はソ連が成立した時、クリミアはロシアの一部だったが、一九五四年に地続きのウクライナへ移された。その理由は、公式には「ロシアとウクライナの友好のため」だったが、当時、ソ連の第一書記だったフルシチョフが、クリミアを自分の生まれ故郷のウクライナに与えたかったからだという噂もあった。

ソ連時代はロシアだろうがウクライナだろうが、どっちにしてもソ連の一部に変わりはなかったが、一九九一年にウクライナがソ連から独立すると話は別。ロシア人が多いクリミアでは、「クリミアをロシアへ戻せ」と主張し始め、それがダメならと一九九二年に議会でクリミアの独立を決定して、クリミア共和国憲法を制定した。

ウクライナはすぐに独立の無効を発表したが、ロシアはクリミアを後押ししていた。クリミア独立の直接のきっかけは、ロシア議会が「ソ連がかつてクリミアをロシアからウクライナへ移したことは違法」と決議したことだった。しかし、ロシアは軍事介入も、クリミア共和国の承認もせず、ロシアからの支援が期待外れに終わったクリミアは、四カ月後に独立宣言を取り消してしまう。

次にクリミアが独立の行動に出たのは一九九四年で、独立を主張するメシコフがクリミア大統領に当選し、議会も再び独立を決議した。ロシアもこれを支援する素振りを見せたが、「ロシアはチェチェンの独立を阻止するために軍事弾圧をしているのに、ウクライナからのクリミア独立をそそのかすのでは立場が矛盾する」と非難され、結局この時もクリミア共和国を正式に承認することはせず、クリミアは翌年ウクライナの統治下に戻った。ウクライナの下でクリミアは自治共和国となり、一九九八年末にウクライナ政府の承認で独自憲法が制定された。

ロシアがクリミアに関心を示すのは、単に「ロシア人が多いから」ではない。クリミアには地中海に睨みを利かせる黒海艦隊の母港が存在するからだ。ソ連解体で黒海艦隊はウクライナ海軍とロシア海軍で分割することになったが、その具体的な条件についてはなかなかまとまらず、交渉が続いていた。結局、クリミア半島の海軍基地はロシアが二〇年間使用できることになり、基地使用料やウクライナから艦船を購入する費用は、ロシアがウクライナへ供給した天然ガスの債務で帳消しとなった。つまりロシアは現金を払わずにクリミアの基地と艦隊を手にすることができたわけで、クリミア独立にロシアが支援をちらつかせることは、交渉を有利に進めるためのカードになった。

こうしてクリミアの独立運動は収拾したが、将来的に新たな火種になりそうなのはクリミア・タタール人の問題だ。タタールとは、古代中国でいう「韃靼《だったん》」。もともとモンゴル系の遊牧民がそう呼ばれていたが、ロシアでは東方から来た遊牧部族をタタールと総称し、一三世紀から一五世紀にかけてロシアはタタール人のキプチャク・ハン国によって支配された。ロシア一帯に定着したタタール人はその後トルコ語化とイスラム化が進み、定住した地域によって、クリミア・タタール人やボルガ・タタール人、シベリア・タタール人などに分かれていった。

クリミアにはかつてキプチャク・ハン国の後にクリミア・ハン国ができ、一七八三年にロシアに併合されるまで約三五〇年間続いたが、そこに住んでいたのがクリミア・タタール人。クリミアのタタール人はロシア帝政下で抑圧され、多くの住民がトルコへ移ったが、一九一七年のロシア革命で帝政ロシアが崩壊した時、タタール人たちはクルルタイ（民族大会）を開き、クリミア人民共和国の独立を宣言した。

しかし新たに成立したソ連政府はそれを認めず、代わってクリミア自治ソビエト社会主義共和国を作ったが、クリミア・タタール語の使用禁止やタタール人の公職追放などの抑圧が続き、一九四四年にはスターリンによって「ナチスに協力している」と因縁をつけられ、ウズベキスタンなど中央アジアへ追放された。こうして一九世紀から続いたタタール人への迫害と同時に、ロシア人のクリミアへの入植が進められ、人口の多数を占めるようになった。

ソ連が崩壊してウズベキスタンが独立すると、民族主義的な政府の下でタタール人は新たな差別を受けた。さらにウズベキスタンは独裁政治やテロ事件などで政情が不安定なため、故郷のクリミアへ戻ってくるタタール人が増えた。その数は二〇〇一年末には二四万五〇〇〇人となり、クリミアの当時の人口の一二％に達した。

ウクライナやクリミア政府は、帰還したタタール人に住宅を提供するなど、優遇しているが、タタール人たちは再びクルルタイを開いて、クリミアでの「民族主権」や、クリミアの土地・資源利用にはタタール人の同意が必要だと宣言している。最近ではクリミア政府がヤルタ会談が開かれた場所に、観光の目玉としてスターリンとルーズベルト元米大統領、チャーチル元英首相の三人の銅像を建てようとしたところ、タタール人たちの猛烈な抗議を受けて中止する事件が起きた。

ロシアの中でボルガ・タタール人が人口の半分を占めるタタールスタン共和国では、一九九二年に独立を宣言し、その後ロシアに留まることにしたものの、天然資源の利用権など大きな権限を獲得した。クリミアでも今後、タタール人帰還者が増えるにつれて権利拡大の要求が強まりそうだ。

極東に作られた、もう一つのユダヤ人の祖国

ユダヤ自治州

■人口：一九万〇九一五人（二〇〇二年）／州都：ビロビジャン／面積：三万六〇〇〇㎢

かつて「祖国を持たない民族」といわれたユダヤ人。現在ではイスラエルという祖国を作

り、そこに住むパレスチナ人と紛争が続いているが、もう一カ所、かつて「ユダヤ人の祖国」と自称していた地域があった。ロシアのユダヤ自治州がそれ。イスラエル建国に先立つ一四年前、一九三四年にソ連が設置したのだが、場所はユダヤ人の歴史とは縁もゆかりもないシベリアの東の果て、ハバロフスクの近くにあり、中国と境を接している。もっとも人口約一九万人のうち大半がロシア人で、ユダヤ人はわずか一%ちょっとの二三二七人(二〇〇二年)。ほとんど名ばかりのユダヤ自治州だが、いったいなぜこんな場所に作られたのだろうか。

一九世紀後半の時点で、ロシアには五〇〇万人ものユダヤ人が存在していた。もっともその多くはポーランドに住み、一八八一年にアレクサンドル二世暗殺事件の犯人にユダヤ人がいたことをきっかけに、ユダヤ人への襲撃・虐殺事件が起き、一五〇万人が国外脱出してアメリカなどへ移住。さらに第一次世界大戦でポーランドが独立したことや、ロシア革命の混乱などで、ソ連成立までにユダヤ人の数は半減していた。

ソ連のユダヤ人は九八・八%が都市に住んでいたが、社会主義政策を進めるなかで商業民族のユダヤ人を農業に転換させることや、全世界のユダヤ人の間で巻き起こっていたシオニズム(パレスチナへの帰還運動)によって、国内のユダヤ人が動揺することを防ぐために、ソ連政府は国内に「ユダヤ人の祖国」を作り、そこへユダヤ人を入植させることに決定した。ユダヤ人の歴史とは関係ない場所に「祖国」を作るとは奇妙な話だが、当時のソ連のキャッチフレーズは「労働者の祖国」。つまり資本家に搾取されている全世界の労働者階級にとって、先祖代々そこに住んでいようと資本主義国は祖国ではなく、労働者が主人公たる社会主義国・ソ連こそが祖国である――というわけで、故郷と祖国は別というのがソ連流の考え方。だから資本主義の権化たるイギリスの委任統治領だったパレスチナへの移住を呼びかけるシオニズムに対抗して、「プロレタリアのシオニズム」だと宣伝した。

問題は、どこに「ユダヤ人の祖国」を作るか。当初はユダヤ人が多く住むクリミア半島やウクライナの一角が候補地に挙がったが、地元の他民族が猛反発することを恐れて断念。住民がほとんどいなかった極東の一角が選ばれて、シベリア鉄道沿いのビロビジャンを中心に、一九三四年にユダヤ自治州が誕生した。

ユダヤ自治州の位置には国防上の理由もあった。ソ連成立直後にシベリア出兵で日本に極東地域を占領されたソ連は、日本と直接向き合うことを避けて緩衝地帯を作ろうとした。日本とロシアが利権をめぐって争った満州では、日露戦争後は長春（後に満州国の首都・新京）を境に、南は日本、北はロシアと勢力範囲を分割していたが、ソ連は一九二四年までに満州北部の主要都市で行政権や司法権を持っていた鉄道付属地を中国へ返還し、ここを緩衝地帯にしようとした。ところが日本は一九三一年に満州事変を起こしたのに続き、翌年には関東軍が実権を持つ傀儡国家の満州国を樹立。満州北部まで日本が進出したため、ソ連は極東の拠点・ハバロフスクの手前に位置し、アムール川を挟んで満州国と接する場所に、世界的なネットワークを持つユダヤ人を入植させれば、日本もうかつに手を出せないだろうと考えた。

後に日本の軍部も同じことを考え、満州国にユダヤ人自治区を作ろうとしたことがある。一九三九年頃ナチス・ドイツの迫害を逃れるために、上海の租界には一万五〇〇〇人のユダヤ人避難民が押し寄せたが、彼らを満州のソ連国境に入植させて、世界のユダヤ人社会の支持を集め、アメリカなどに満州国を承認させようとしたが、翌年の日独伊三国同盟の締結でこの計画は放棄された。

さて、ソ連のユダヤ自治州設置は、海外のユダヤ人社会からも好意的に受け止められ、アメリカからは大不況で困窮した一四〇〇人のユダヤ人が入植し、パレスチナからも「故郷」での暮らしに失望した数百人が移り住んだ。しかし自治州には農業に適した土地が少なく、ユダヤ人たちも農業を好まなかったため、入植計画はほどなく頓挫《とんざ》して約三万人が移住しただけで終わった。やがてスターリンによる粛清が本格化すると、ユダヤ自治州でも指導者が逮捕され、ロシアのユダヤ人の母語であるイーディッシュ語（ヘブライ語と中世ドイツ語の混成語）の学校が閉鎖された。

戦後、イスラエルが建国されると、ソ連のユダヤ人は移住を求めたが、ソ連政府はこれを厳しく制限していた。アメリカの抗議で移住を緩和したかと思えば、アラブ諸国の反発で再び規制強化を繰り返しながら、ユダヤ人の数は少しずつ減少し、一九八九年にはソ連全体で一四〇万人、ユダヤ自治州では九〇〇〇人になっていた。そしてソ連崩壊と前後して海外移住が相次ぎ、現在では旧ソ連諸国のユダヤ人は一〇〇万人前後といわれている。

市場経済化したロシアではユダヤ人財閥も生まれ、再び経済的な実力を発揮しつつある。イスラエルへ移ったユダヤ人の中には、再びロシアへ帰国する人も少なくないが、辺境のユダヤ自治州では経済の低迷が続き、ユダヤ人の数は減る一方。イーディッシュ語の新聞やラジオ局は維持されているが、もはや「ユダヤ人の祖国」である面影はほとんどない。

代わって近年急速に目立っているのが中国の影だ。ユダヤ自治州には中国資本の工場が相次いで進出している。州内の中国人は二〇〇五年には前年より倍増して二二〇〇人に達し、ユダヤ人を上回るのは時間の問題だ。自治州政府と中国・黒竜江省政府は天然ガスや森林資源の共同開発について協定を結び、さらに一万haの農地を中国側へ賃貸する計画もある。

商才にかけてユダヤ人は中国人に劣らないはずだが、「ユダヤ人の祖国」が看板だけだったのに対して、自治州のある場所は一八五八年のアイグン条約まで清朝の領土。歴史的な結びつきからいえば、中国人の方が強そうだ。

日本も見習うべきところの多い中国の「一国二制度」

香港特別行政区

■人口：七〇二万六四〇〇人（二〇〇九年）／面積：一一〇四㎢

今にして思えば、日本のマスコミはなぜあんなに大騒ぎしたのだろうというのが、一九九七年の香港返還。当時、私が働く香港の新聞社は、日本からの「返還で香港ドルは使えなくなるのか」「言論の自由はなくなるのか」「ポルノは禁止されるのか」「英語は公用語でなくなるのか」……といった類の問い合わせで、連日てんてこ舞いだった。実際には、香港がイギリスの植民地から共産党独裁体制の中国へ返還されても、ほとんど何も変わらない。というよりも、「何も変わらない」という点が世界的に注目された理由だったのだから、当然といえば当然だ。

返還後の香港は、中国の香港特別行政区となって、「一国二制度」に基づいた高度な自治権を擁している。憲法は香港基本法という独自のものを制定して、イギリス時代の法律をそのまま適用。裁判所も中国とは別の最高裁を香港に設置して英米法を採用し、弁護士資格や医師免許も引き続き英連邦基準のものでないと使えないという徹底ぶりだ。法律がイギリス時代と同じなのだから、議会制度や言論や表現などの自由、経済体制や社会制度は変わるはずがない。

外交と防衛は中国政府が担当し、人民解放軍が香港へ進駐したが、経済などに関して香港は独自に条約を結ぶことができ、世界貿易機関（WTO）やアジア太平洋経済協力会議（APEC）に単独加盟しているし、オリンピックも独自チームだ。

もっとも、イギリス植民地だった当時も、香港とイギリス本国は「一国二制度」で、同じ国なのに別々の体制だった。例えばイギリスはかつて「揺りかごから墓場まで」と称えられた高福祉社会がウリだったが、植民地の香港では政府高官が「福祉はアヘン」と公言して、健康保険や失業保険、年金制度などの社会福祉というものはほとんど存在せず、義務教育も一九八〇年までなかった。イギリスは議会制民主主義発祥の地といわれる国だが、香港の議会は総督による任命で、国会に相当する立法評議会（返還後は立法会）で住民による選挙が導入されたのは、返還直前の一九九一年になってから。イギリスのお金はポンドだが、香港は香港ドル。イギリスはポルノ解禁だが、香港ではハード・コア禁止――などなど。

香港返還が決まったのは、一九八四年の中英共同声明だった。香港はアヘン戦争後の南京条約で一八四二年にイギリスへ割譲されたが、この時の範囲は香港島のみ。ついで一八六〇年の北京条約で九竜半島を割譲。そしてイギリスは一八九八年に新界（ニュー・テリトリー）地区を九九年間租借したが、その租借期限が一九九七年で満期を迎えたのだ。

条約からすれば、香港島と九竜半島は返還しなくても良かったのだが、面積の九割以上を占める新界地区を返還したら、ただでさえ狭い香港はますます超過密状態になってしまうし、空港や発電所もなくなる。だいいち中国との貿易窓口ということで経済が成り立ち、水や食糧のほとんどを中国からの輸入に頼っている香港は、中国との関係が極度に悪化すればもはや生存できない。返還交渉でイギリス側は「主権は中国へ返還するが、施政権は引き続きイギリス」と提案したが、中国側に一蹴されて、香港島や九竜半島を含めた返還が決まった。

とはいえ、一九八四年当時の中国は、現在のように開放改革政策や市場経済の導入は進んでいない堅固な社会主義国だった。農民はすべて人民公社で働き、小さな商店に至るまで国営企業で、ヌードはおろかビキニも禁止。国民はみんな人民服を着て、「中国でパーマ解禁」というのが大ニュースになったほど。こういう中国へ返還されると決まれば、香港人はまず「人民服を毎日着なくちゃいけないのか」「横丁の屋台も国有化されるのか」というレベルから心配しなくてはならず、動揺が広がり、海外への移民が急増した。そこで中国政府が発表したのが一国二制度の導入で、社会主義中国にあって香港では引き続き資本主義を維持し、「返還後も香港では変わらぬ生活をしてもいいですよ」と、具体的な方法で約束したのだった。

一国二制度と同時に、中国政府は香港返還後の「五十年不変」をキャッチフレーズにしていたが、返還から五〇年後の二〇四七年にどう変化するのかは、考えるだけムダ。昔、人間五〇年という言葉があったが、「五十年不変」もその類の意味で、一九八四年の返還決定から返還までの一三年＋五〇年＝六三年経てば、当時の香港の大人はほとんど死んでいる。つまり「あなたが死ぬまで香港はこのままです。死んだ後のことは心配してもしょうがないでしょ」というアピールに過ぎない。

そして現実はといえば、六三年間どころか返還までの一三年間で、中国の方が大きく変わった。市場経済導入が本格化して経済的にはすっかり資本主義になり、香港人はビジネスチャンスを求めて競って中国で商売を始め、中国株や中国不動産への投資がブームになった。また平均賃金が香港の一〇分の一以下の中国で愛人を囲うのが流行って、金曜の夜ともなれば香港から中国に向かう電車は風俗店へ遊びに行く香港男性でラッシュになり、臨時電車が運転されるありさまだ。

こうして一国二制度の持つ意味は、一九八四年当時とはだいぶ変わったのだが、国際的に香港の安定と繁栄を保証する大きな役割を果たしている。もっとも返還後の香港経済はいまひとつ繁栄していない。中国の開放改革が進みすぎて、経済拠点の座を上海に奪われつつあるのは何とも皮肉だ。

ところで、日本もロシアに北方領土の返還を本気で要求するのなら、返還後の統治形態やロシア系住民の扱いについて、具体的なビジョンを示す必要があるのでは。①北方領土に一国二制度を導入し、「北方領土特別自治県」に高度な自治権を与える、②ロシア系住民の永住権や土地所有権を認める、③日本語とロシア語を公用語とし、教育言語は日本語とロシア語の選択制とする、④日本国憲法に抵触しない限りにおいて、現行のロシアの法律・条令を引き続き適用する、⑤北方領土の議会は独自の立法権を有し、ロシア系住民の議席枠を設ける、⑥北方領土は独自の入国審査を行ない、日本人の移住はビザを必要とする、⑦北方領土の公務員、警官は島民によって構成される、⑧ロシアの医師免許、弁護士や会計士の資格、教員免許、運転免許などを認める――といった具体的な提案がないと、いつまで経っても現実的な交渉はできないはずだ。

輪廻転生するゆえに、自治権確保が死後の安定の鍵

チベット自治区

■人口：二七三万六八〇〇人（二〇〇四年）／区都：ラサ／面積：一二二万㎢

日本人にとって、民族とは「長い歴史のなかで自然に形成されるもの」とイメージされがちだが、世界的に見れば人為的に作られるケースだって少なくない。国家プロジェクトとして新たな民族作りに取り組んだのが、中国が一九五〇年代から始めた「民族識別工作」だっ

た。

中国では第二次世界大戦前、国民党政権が漢、満、蒙、チベット、回（ウイグル人などイスラム系民族）の「五族協和」を謳っていた。共産党は当時、これを批判して中国には一二の民族がいると主張していたが、中華人民共和国が成立すると、少数民族の「発掘」を本格化。一九五三年から民族識別工作に着手し、翌年には二七の民族を、その後も一九六五年までに一六の民族を追加し、七九年にジーヌオ族を加えた。かくして中国には多数派の漢民族と五五の少数民族が存在する。

共産党が民族作りに熱心だったのは、農民や労働者とともに少数民族を「解放されるべき被抑圧階級」として位置付けたから。新たに認定された少数民族は、その居住地区での主体民族、つまり「主人公であるべき民族」とされ、自治区や自治州、自治県が作られた。実際には、少数民族は自治区や自治県の中でも人口では少数派のケースが多いが、「主人公であるべき民族」は幹部登用や就職、進学などで優先枠が作られていて、最近の一人っ子政策でも少数民族は除外されている。

では、新しい民族はどこから「発掘」したのか。朝鮮族やロシア族、タイ族、タジク族、キルギス族のように国境地帯にまたがって住む民族や、国境を越えて移住した民族を「中国に定住する民族」と認定したケースもあるが、大部分はそれまで周囲の住民から「山の民」「森の民」「草原の民」と呼ばれて、独自の風習や宗教を守っていた人たちを、新たに民族として認定したことによる。

固有の文字を持つ少数民族は二一あるが、そのうち一三は民族識別工作と同時に、中国政府が六〇〇人以上の学者を動員して新たに文字を作った民族で、これらの文字を使って学校教育や出版活動が行なわれている。また主人公であるべき民族を裏付けるために史料調査も進められ、「鮮卑人の子孫」「古代越族の末裔《まつえい》」「ペルシャ商人の血を引く」などのお墨付きが与えられた。

これを日本で例えればどうだろう。秋田県の山間部には狩猟を行なうマタギ衆と呼ばれる人たちがいる。普段は周囲の住民と同じ秋田弁を話しているが、猟では独自の山言葉を使い、山の神を大事に祀っている。政府が彼らを少数民族の「マタギ族」だと認定して、山言葉を書き表わす「マタギ語」の文字を作って学校で教え、公文書や道路標識にマタギ語を併記し、採算を度外視してマタギ語新聞やマタギ語放送を始める。さらに学者を動員してマタギ族に「日本書紀に登場する××の子孫」と歴史的なお墨付きを与え、秋田県を「秋田マタギ族自治県」と改称して、県知事は必ず「秋田の主人公であるべきマタギ族」から選び、県議会にもマタギ族に優先議席を与える。マタギ族を大学進学や公務員試験でも優遇すれば、「俺の先祖はマタギ族だ」と名乗り出る人が増えるはず。

こんな形で民族識別工作を行なえば、アイヌ族、琉球族、朝鮮族、漢族、小笠原族、サンカ族、マタギ族、家船族、隠れキリシタン族、久米三十六姓族……と、日本はたちまち多民族国家に早変わりしそうだ。

さて、中国政府の民族識別工作はもう一つの結果をもたらした。国民党時代の四つの少数民族は、どれも歴史的に独立国を築いていた時代があり、大なり小なり中国からの独立要求があった。しかし少数民族が五五に増えると、独立を求めている民族はほんの一握りに過ぎず、大部分の少数民族は中国という「大家族」の中での発展を願っているということになってしまう。

中国から独立を求めている民族の筆頭格として、よく挙げられるのがチベット人。一八世紀初めまでチベットは独立国だった。その後清朝の支配下に置かれたが、内政は引き続きダライ・ラマが率いるチベット政府が行ない、清朝は介入せずに完全な自治が続いた。一九一一年の辛亥革命で清朝が倒れると、新たに成立した中華民国は内戦や日本との戦争が続いてチベットへ統治を及ぼす余裕はなく、チベットは独立したような状況になった。

中国に共産党政権が成立し、一九五〇年に人民解放軍がチベットへ進出すると、チベット政府は国連へ「中国による侵略」を提訴したが、後ろ盾として期待していたイギリスやインドに支援されず断念。チベット政府は中国と条約を結んで、チベットが中国の一部であることを受け入れた。

チベット政府はそのまま統治を続けていたが、当時のチベット社会は、土地の大部分を貴族や寺院が所有し、農民の多くは農奴で、重い税から逃れるために人口の一割以上が僧侶という状態。共産党の政策とはまったく相容れず、遅かれ早かれ抜本的な改革を迫られていた。そして一九五九年、ラサで暴動が発生し、人民解放軍が武力鎮圧に乗り出すと、ダライ・ラマ一四世はインドで亡命政府を樹立。ネパールを拠点にゲリラ戦を続けたが、その後平和路線に転換し、現在では独立を放棄して、香港の一国二制度をモデルにした本格的な自治区の設立を求めている。

ダライ・ラマが独立を断念した背景には、チベットの地理的な要因が大きい。外部から隔絶された僻地を指して「××のチベット」といったりするが、実際にチベットはインドやネパールと接する南側はヒマラヤ山脈に隔てられていて、外部との貿易ルートは中国に頼らざるを得ないのだ。

そしてダライ・ラマの後継者問題も気がかりだ。ダライ・ラマは輪廻転生によって引き継がれるとされ、現在の一四世が亡くなった場合、チベット仏教の高僧たちが生まれ変わった赤ん坊を探すのだが、これまでは認定作業の最終段階で中国政府の代表も選定に加わるのがしきたりだった。一九八九年にダライ・ラマに次ぐ地位にあるパンチェン・ラマ一〇世が亡くなった時は、亡命政府と中国政府が別々に化身を探し出し、二人のパンチェン・ラマが誕生するはめになった。

チベット亡命政府が分裂せずに半世紀近く続いてきたのは、ダライ・ラマへの宗教的な求心力に拠るところが大きかったが、すでに七〇歳を超えた。「私の生まれ変わりは海外に出現するかも」と中国政府を牽制しつつ、自分の目が黒いうちに、現実的な範囲でチベットの自治権拡大の目途をつけておきたいという思いが強まっているようだ。

【コラム】保護国・自治領・海外領土・植民地の違い

一九世紀後半から二〇世紀前半にかけて世界のほとんどの地域は欧米や日本などの列強諸国の植民地だった。現在ではその多くの地域が独立国になったが、保護国や自治領、海外領土という形で、「植民地のようなもの」は残っている。

保護国（または保護領）とは、条約によって外交や防衛の権限や、顧問派遣を通じた監督権を大国に委ねた国のこと。内政は引き続きそれまでの政府が行なう。一九〇五年から日韓併合までの朝鮮（大韓帝国）や、フランス植民地時代のラオスやカンボジア、一九六〇年代までのイギリス支配下の湾岸諸国などは保護国で、従来からの国王やスルタンが君臨し続けていた。

自治領とは、外交や防衛の権限は本国が担当するが、内政は現地住民によって構成する政府や議会が行なう植民地のこと。イギリス女王を国家元首に戴き、総督が派遣されているカナダやオーストラリア、ニュージーランドなどは、現在でも自治領だった頃の形式を残している。

保護国と自治領は似ているようだが、保護国は植民地化への第一歩、自治領は植民地脱却への第一歩と考えればわかりやすい。

植民地とはもともと新たな移住地や入植地のことで、古代ギリシャやフェニキア人の植民地はそういう意味だった。しかし近代以降は植民地といえば、「異民族が住んでいる土地を新たに併合して、本国とは異なった法や政治体制の下で統治する地域」のこと。

例えば日本は戦前、台湾や朝鮮などを植民地にしていたが、植民地では帝国議会で制定した日本本土（当時は内地と呼んでいた）の法律は適用されず、総督が定める別の法律で支配した。帝国議会へ議員が出せないなど住民の政治的権利は制限され、徴兵の義務はない代わりに義務教育もなかった。このように同じ日本国籍でも、日本人（内地人）と植民地の住民は違った地位に置かれていた。

植民地にもさまざまな統治形態があって、保護国や自治領のほかにも、現地の王やスルタン、族長などを通じて支配する間接統治や、本国から総督や長官、官吏を派遣して本国人が支配する直接統治があった。一般に、植民地統治が継続するにつれて、保護国→間接統治→直接統治→自治領の推移をたどるケースが多かったが、本国と植民地が隣接している場合、直接統治の下で現地住民の同化が進み、固有文化や言語、民族意識が失われて、完全に本国の一部分となることもある。

さて第二次世界大戦後、世界各地で植民地支配に対する反乱や独立が相次ぎ、一九六〇年の国連総会で「植民地及びその人民に対する独立の付与に関する宣言」が採択されると、植民地は国際的に不当な存在と見なされるようになった。そこで本国の国会へ議員を出せるようにするなど、住民に本国の国民と対等の権利を与えて、植民地であることを否定した呼び方が海外領土。例えばフランスの場合、「地球の反対側にあっても、県の一つと変わらない」ということで、海外県と称している。

現在でも残っている海外領土や自治領には、住民投票を行なって独立を否決した地域もある。本国側はさっさと独立してほしいのに、経済的なメリットで住民側が残留を希望するケースが多いようだ。

第三章

ワケあって勝手に独立宣言をした国々

レーニンの銅像がそびえる、今も「ソ連」な国

沿ドニエストル共和国

■人口：五三万七〇〇〇人（二〇〇七年）／首都：ティラスポリ／面積：四一六三㎢

一九九一年末、アメリカと覇権を競っていたはずの超大国・ソビエト連邦は、あれよあれよという間に崩壊してしまったが、幻となったはずの「ソビエト」が今も生き続けているのが旧ソ連の西の端、モルドバ共和国とウクライナ共和国に挟まれた場所にある沿《えん》ドニエストル共和国。その名の通りドニエストル川東岸に沿った細長い国で、南北約二〇〇㎞。東西は広いところで二〇㎞、狭いところだとわずか四㎞しかない。

ソ連時代、沿ドニエストルはモルドバ（当時はモルタビア）の一部だった。モルドバ人は民族的にはルーマニア人と同じで、かつてルーマニアはオスマン・トルコに、モルドバはロシアに支配されていたのが違うだけ。第一次から第二次世界大戦までモルドバはルーマニア領だったこともある。

ソ連の末期、モルドバ人の間では「ルーマニア民族主義」が台頭した。一九九一年のモルドバ独立時にモルドバ語（＝ルーマニア語）は唯一の公用語となり、綴《つづ》り方もロシア式のキ

リル文字からラテン文字へ切り替えられ、「いっそルーマニアに併合してもらおう」という主張まで現われた。

これに危機感を抱いたのがウクライナとの国境沿いに住んでいたロシア人たち。ロシア人にとってみれば、ソ連時代には自分たちが「一等国民」だったのに、モルドバがルーマニア民族主義を掲げて独立したら、「二等国民」に格下げされてしまう感覚があった。それにドニエストル川の東岸は歴史的にもルーマニア領になったことはなく、モルドバがルーマニア領だった時期にも、ソ連（ウクライナ）の一部として残った経緯がある。

そこでソ連末期の一九九〇年に二回の住民投票を行なった結果、九六％と九八％という圧倒的多数でモルドバからの分離独立を決定。モルドバがソ連から独立すると、沿ドニエストル共和国の独立も宣言した。沿ドニエストルの面積はモルドバの八分の一に過ぎないが、GDPは四〇％を占め、電力の九割を供給する産業地帯。モルドバが独立を認めるはずはなく、戦闘が始まった。

半年に及んだ戦闘ではロシアの支援を受けた独立軍がドニエストル川の東岸を確保して停戦が実現。その後もロシア軍が平和維持軍として駐留し続けている。

この間にモルドバが沿ドニエストルの経済封鎖を宣言したり、これに対抗して沿ドニエストルがモルドバへの電力の供給をストップしたりという事件は起きているが、両国の関係はそれなりに「親密」で、双方の国民は身分証明書の提示だけで自由に行き来している。

実は沿ドニエストルの住民で一番多いのはモルドバ人で、民族別の人口割合はモルドバ人三二％、ロシア人三〇％、ウクライナ人二九％の順。一方のモルドバでは、モルドバ人七六％、ウクライナ人八％、ロシア人六％だから、両国に極端な差があるわけではない。旧ユーゴスラビアの内戦と違い、戦闘期間中にも民族浄化や異民族の追放は行なわれず、多民族の共存状態が続いている。

沿ドニエストル独立の原因は、民族的な対立というより体制のあり方をめぐる対立だった。ルーマニアを通じてEUと接近し、欧米式の改革をしようというモルドバに対して、沿ドニエストルはロシアとの密接な関係を続けて旧来の体制を維持することを志向していた。先進地区だった沿ドニエストルに住むモルドバ人の大半も、改革する必要はないと独立に賛成した。

だから沿ドニエストルでは今も「ソビエト」が生きていて、大統領は最高ソビエト議長を兼任している。ソビエトとは労働者評議会（または労農兵評議会）のことで、ソ連式社会主義の政治体制の骨幹を成すシステム。実際には沿ドニエストルでも市場経済化が進んでいるのだが、町にはコルホーズ（集団農場）の生鮮品市場があり、道路にはレーニン通りや一〇月二五日通り（ロシア革命でボルシェビキが武装蜂起した日）などの名称が付けられ、中心部の広場には相変わらずレーニンの銅像がそびえ立っている。

沿ドニエストル共和国では独自の通貨（沿ドニエストル・ルーブル）を発行しているが、

コインにはかつてのソ連の徽章《きしょう》「鎌トンカチ」が描かれ、パスポートにはCCCP（ソ連の略称）と印されている。つまり、沿ドニエストルは現在でもソ連の一員のつもりらしい。

産業地帯を失ったモルドバでは経済の低迷が続き、労働人口の三分の一が国外へ出稼ぎに行っている状態だが、沿ドニエストルも国際的に孤立しているため外国資本の導入ができず、産業設備も老朽化が進む一方で、こちらも低迷が続いている。

沿ドニエストルに派兵しているロシアは、二〇〇三年に「モルドバを連邦制国家にして沿ドニエストルを自治共和国とする」「二〇二〇年までにロシア軍は撤退」などの和平案を提案した。モルドバでは欧米式改革に失望が広がって二〇〇一年に親ロシア派の共産党政権が復活しており、本音では和平案を受け入れたいようだが、ロシア軍の撤退が遅すぎると反発したEU諸国に気兼ねして、宙に浮いた状態だ。かくして沿ドニエストルは「世界非公認の国家」のまま存在し続けている。

モルドバではもう一つ、一九九二年に南部で「ガガウズ共和国」が独立を宣言したが、こちらはその後独立を断念して、現在ではモルドバ内のガガウズ・イェリ自治共和国になっている。

ガガウズ人はトルコ系の民族で、大部分がロシア正教徒。オスマン・トルコの統治下で主にブルガリアに住んでいたが、一九世紀初めにモルドバがロシア領になると、大挙して移住。現在ではブルガリアやルーマニア、ウクライナ、ロシアなども合わせて約三〇万人のガガウズ人がいるが、うち半数がモルドバに住んでいる。

モルドバ独立に際して「ルーマニア民族主義」が台頭すると、ガガウズ人も反発した。ガガウズ人はそれまで公用語だったロシア語ならソ連統治下の教育により理解できたが、モルドバ語を話せた人はわずか五％足らずだった。ガガウズ共和国は「レーニン主義の国づくり」を掲げて、ソ連政府に独立を承認してもらおうと狙ったが、ソ連はガガウズの独立を認めず、独立を支援していたトルコもレーニン主義に反発して援助を凍結したため、独立を断念したのだった。

ソ連の亡霊に悩まされるカフカスの小国

アブハジア共和国
南オセチア共和国

■［アブハジア共和国］人口：二一万六〇〇〇人（二〇〇三年）／首都：スフミ／面積：八四三二㎢
■［南オセチア共和国］人口：七万人（二〇〇〇年）／首都：ツヒンワリ／面積：三九〇〇㎢

黒海とカスピ海の間、ロシアとトルコ、イランに挟まれたカフカス地方（コーカサス地方）は、昔からさまざまな民族がモザイク状に入り乱れて住んでいる場所だ。ソ連が解体してから、それまで日本では聞いたことがなかったような「共和国」があれこれ出現して紛争

が続いているが、グルジアもその一つ。西北部のアブハジアと北部の南オセチアがそれぞれ独立を宣言して、中央政府の統治がまったく及ばない状況が続いている。

アブハジアはソ連時代には「黒海の真珠」と呼ばれ、クリミア半島と並んで黒海沿岸のリゾート地だった。しかし内戦で住民の多くが難民となり、ソ連崩壊前には五〇万人以上いた人口も、現在では半分以下になってしまった。グルジア人がグルジア正教徒なのに対して、アブハジアに住むアブハズ人はイスラム教徒。では、アブハジアの独立は宗教対立によるものかといえば、そうでもない。独立を後押ししているのは正教徒のロシアだし、グルジアではアメリカの影響力が強まっている。

もう一つの、南オセチアはカフカス山脈の南側にへばりつく国で、かつては人口一〇万人。同じオセット人の国としては、カフカス山脈の北側にも北オセチア共和国があるが、こちらはロシア連邦の一部になっている。オセット人はイラン系の民族で正教徒。歴史的にロシアとは仲が良く、北オセチアの首都・ウラジカフカスは「カフカス地方を征服せよ！」という意味。いくらなんでも帝政ロシアの侵略主義丸出しの地名だということで、ソ連時代は「オルジョニキジェ」に改名していたが、ソ連が崩壊したら元の名前に戻してしまった。

ソ連時代にアブハジアはグルジア内の自治共和国、南オセチアは自治州で、どちらも独自性の強い地域だったが、そのきっかけを作ったのはスターリンだった。

一九一七年のロシア革命でソ連が成立した時、連邦のあり方をめぐって熾烈な権力闘争が続いていた。グルジア共産党のムディヴァニは「独立性、自主性を持つ共和国で構成される緩い連邦制」を主張していた。これに対して「ロシアの下で中央集権を強化すべし」と主張したのが、グルジア出身だがソ連共産党の書記長に就任していたスターリン。建国の父・レーニンは連邦制を支持したので、スターリンもそれに従うふりをして各地の共和国を残すことにしたが、この時レーニンはすでに死の床にあった。スターリンは実権を握ると、ムディヴァニを民族主義に偏向した「グルジア反対派」だとして粛清した。このグルジア問題によって、ソ連では共和国とは名ばかりの、連邦政府による強力な中央集権制という体制が確立したのだった。

スターリンはグルジア反対派の根城であるグルジアの勢力を削ぐために、グルジア共和国内にアブハジア自治共和国やアジャリア自治共和国、南オセチア自治州を設置して政治権力を分散させ、その一方で文化面ではアブハズ語にグルジア文字を押し付けるなど、グルジアへの同化政策を推し進めた。

さて一九九一年にソ連が崩壊するとグルジアは独立を宣言するが、公用語をグルジア語だけに限定するなど再び同化政策を進めたため、アブハズ人とオセット人は猛反発した。アブハジアではソ連時代の一九八九年に、グルジアからロシアへの帰属変更を求める運動が起きて、ソ連軍に武力鎮圧され、南オセチアでもロシア領の北オセチアに編入するよう求めて拒否された。

当時アブハジアの民族構成は、グルジア人四六％に対してアブハズ人はわずか一八％。グルジア独立で「大グルジア」の民族主義的機運が高まれば、アブハジアの自治は取り消され、少数派のアブハズ人は完全にグルジア化させられてしまうだろうと恐れたのだ。

グルジアでは独立直後から内乱が始まり、アブハジアは一九九二年七月に独立を宣言したが、たちまちグルジア軍に攻め込まれ、アブハジアの大半を占領された。しかしアブハズ人の独立軍は、チェチェン人などロシア領内に住むイスラム義勇軍の支援を受けて勢力を盛り返し、翌年には首都スフミを奪還。この時アブハジアに住んでいた二〇万人のグルジア人が難民となって逃げ出した。アブハズ軍の反撃には、ロシア軍がパラシュート部隊の投入などで協力したともいわれている。

ソ連軍に鎮圧されたアブハジアをロシアが一転して支援したのは、グルジアが欧米に接近したため。ロシアにとってグルジアが欧米の勢力圏に入れば、黒海（ひいては地中海）への出口やカスピ海の産油地帯が脅かされてしまう。アブハジアでは一九九四年に停戦が成立して以来、ロシア軍主体の国連ＰＫＯ部隊が派遣され、グルジアからは実質的に切り離されている。

またアブハジアは一九九九年に住民投票で新しい憲法を制定し、改めて独立を宣言した。最近ではロシアへの鉄道が運行を再開して観光を中心とした経済の再建が進んでいるほか、二〇〇二年からはソ連時代の書類をもとに住民の多くがロシア国籍を取得して、ロシア化が急速に進んでいるようだ。

一方の南オセチアも一九九一年に独立を宣言して以来、欧州安全保障協力機構（OSCE）の平和維持軍（実際にはロシア軍と南オセチア軍で構成）が駐留している。こちらも人口の三割が難民となって流出したが、現在ではロシアとグルジア、アルメニアとの密輸拠点として栄え、これが南オセチア政府の収入源になっているらしい。

アブハジアと南オセチアを承認する国は存在しなかった。しかし、二〇〇八年にロシア軍が両国の一部に残っていたグルジア軍を追い出すと、国際社会から「アブハジアと南オセチアを併合するつもりでは」と勘繰られたロシアは、それを否定するために両国を承認。「反米」を掲げるニカラグアとグアテマラや、ロシアからの援助に頼るナウルも承認した。

グルジアには、南部のアジャリアにも自治共和国があって、イスラム教に改宗したグルジア人が多く住んでいる。ここも一九九二年以降はグルジア政府の支配を完全に離れて、ソ連時代から権力を握るアバシゼ親子の下で、ロシアを後ろ盾《だて》に「独立宣言なき独立状態」が続いていた。アジャリアにはカスピ海で採れる石油の積出港バトゥミがあり、経済的には十分自立してやっていけると二〇〇四年初めにはグルジア本土とを結ぶ橋を爆破した。そしてこちらも独立国になるかと思いきや、アバシゼ親子の独裁体制に対して民衆の反対運動が高まり、アバシゼ親子はロシアへ追放され、今はグルジアの統治下に戻っている。

大国の思惑に翻弄されるキリスト教徒の「孤島」

ナゴルノ・カラバフ共和国

■人口：一三万八〇〇〇人（二〇〇三年）／首都：ステオパナケルト／面積：八二二三㎢

嘘かホントか、「世界で最も美女が多い国」といわれるのがアルメニア。日本の某テレビ番組でそう放映されていたのだが……。そのアルメニアは一九九一年に独立した新しい国だが、歴史をたどれば紀元前九世紀のアララテ王国に遡る古い国。今はトルコ領だがアルメニア人の心の故郷であるアララト山（日本人でいえば富士山のような存在）は、ノアの箱舟が流れ着いたと伝えられる場所だし、アルメニアは三〇一年に世界で初めてキリスト教を国教とした国でもある。

しかしアルメニアは、古代からローマ帝国とペルシャとの間で争奪が繰り返され、その後はモンゴル帝国やティムール帝国、さらに近世以降はトルコとロシアによって分割され、大規模な虐殺の犠牲にもなった。こうして故国を失ったアルメニア人は、中東各地やヨーロッパ、アメリカなどへ多くの人が移り住み、独自のアルメニア教会を中心としたコミュニティを築きながら、商業に従事した。なんだかユダヤ人の境遇に似てなくもないが、「金貸し以外ではアルメニア商人の方が上」「ユダヤ人が三人いても、一人のアルメニア人にはかなわない」などといわれている。

さて、ソ連解体に伴って悲願の独立を果たしたアルメニアだが、現在の領土で満足しているわけではなく、二つの「失地回復」を訴えている。一つはアララト山を中心としたトルコの北東部で、もう一つはアゼルバイジャンの中にあるナゴルノ・カラバフ地区だ。

トルコ北東部には、二〇世紀初めまで約一五〇万人のアルメニア人が住み、第一次世界大戦後のセーブル条約ではアルメニア人国家として独立することが国際的に認められたにもかかわらず、オスマン・トルコ崩壊の過程で「キリスト教徒のアルメニア人はロシアの手先だ」と迫害を受けた。一〇〇万人の犠牲者を出したともいわれる虐殺事件と強制追放で、現在ここに住むアルメニア人は存在しない（トルコ領内に残った人は、イスラム教に改宗してアルメニア人ではなくなった）。このため、アルメニアはトルコに対して、かつての「虐殺の責任」を非難しているが、具体的に領土を取り戻そうと行動しているわけではない。

一方のナゴルノ・カラバフは、兵庫県くらいの面積に約一四万人が暮らしているが、住民のほとんどはアルメニア人で、ソ連時代はアゼルバイジャンの中のナゴルノ・カラバフ自治州とされていた。ソ連末期にアルメニアでもアゼルバイジャンでも民族主義が台頭すると、ナゴルノ・カラバフのアルメニア人たちは、アルメニアへの編入を要求して住民投票を行なったが、ソ連政府には承認されなかったうえ、アゼルバイジャン政府は自治州を廃止してしまった。このためソ連崩壊と前後して戦争となり、アルメニア人たちは一九九二年にナゴルノ・カラバフ共和国の独立を宣言した。

実際にナゴルノ・カラバフを占領しているのはアルメニア軍なのだが、アルメニアが併合してしまっては国際的な非難を浴びかねないので、「独立国」の体裁を取っているようだ。もっともナゴルノ・カラバフ共和国を承認している国は、存在しない。地図を見ると、ナゴルノ・カラバフとアルメニア本土との間は、幅三〇kmにわたってアゼルバイジャンの領土で隔てられていることになっているが、アルメニア軍がここも占領し続けているため、アルメニア人は自由に行き来している。

ロシア革命の際、ナゴルノ・カラバフは住民の要求によっていったんアルメニアの一部となったが、間もなくスターリンの政策によってアゼルバイジャンに編入された経緯がある。当時トルコ領内のアルメニア人は国際的に独立を承認されていたが、トルコ軍がこれを徹底的に弾圧していた。スターリンはこのアルメニア人の独立運動がソ連領内のアルメニアにも波及することを恐れて、トルコと手を結んでアルメニア人を抑えようとした。

アゼルバイジャンの主要民族であるアゼリ人は、トルコ系の言葉を話すイスラム教徒で、トルコとは関係が深い。そこでスターリンはアゼルバイジャンにてこ入れし、ナゴルノ・カラバフのほか、アルメニアとイランとの間に横たわるナヒチェバン地区もアゼルバイジャンに与えた。これによってアルメニアはソ連領とトルコに挟まれる形になり、第三国からの独立支援を受けにくくなった。ナヒチェバンではアゼルバイジャンによる統治の下でアゼリ人の人口がアルメニア人を上回り、現在でもアゼルバイジャンの飛び地になっている。

ソ連崩壊とともに始まったナゴルノ・カラバフの帰属をめぐるアルメニアとアゼルバイジャンの戦争では、一万七〇〇〇人の死者を出し、一〇〇万人以上が難民になったといわれ、一九九四年にロシアの調停でとりあえず停戦が実現した。当時アゼルバイジャンでは、親ロシア派の共産党政権とイスラム勢力との内紛が続いていたこともあり、軍事的にはアルメニアが勝利した。しかしアゼルバイジャンはカスピ海沿岸に世界有数の油田を抱える産油国で、石油の利権を狙うロシアや欧米諸国、そして日本も援助を競っている。アルメニアがナゴルノ・カラバフを併合できない理由はここにある。

紛争の最終的な解決策として、アゼルバイジャンがナゴルノ・カラバフ共和国の独立を認め、アルメニア本土との間の回廊地帯もアルメニアに割譲。一方で、見かえりとしてアルメニアはナヒチェバンをアゼルバイジャン領として公式に認めたうえ、アゼルバイジャン本土との間を結ぶ幅一〇㎞の回廊をアゼルバイジャンに割譲する——という案をアメリカが提案している。この案だと飛び地は解消されるが、アゼルバイジャンにとってナゴルノ・カラバフを正式に失うのは敗戦を意味するし、アルメニアにとってもイランとの国境が完全に断たれるのは損失が大きいわけで、提案は暗礁に乗り上げている。

戦争で一時は経済的に破綻した両国も、アゼルバイジャンは石油開発で、アルメニアは市場経済の本格導入で、ともに年率一〇％近い経済成長を果たしている。紛争の最終解決よりもまずは豊かになることが優先というわけで、ナゴルノ・カラバフの地位は依然として中途半端なままだ。

ビザンティン帝国復活の夢が生んだ島国の悲劇
北キプロス・トルコ共和国

■人口：二六万五一〇〇人（二〇〇六年）／首都：ニコシア／面積：三三五五㎢

分断国家といえば、かつてはドイツ、ベトナム、イエメンなどがあったが、現在では朝鮮半島くらい。それと中国も中華人民共和国と中華民国で、一応は分断国家。それからもう一つ、「世界が認めない分断国家」がキプロスだ。キプロス島はコンクリートの壁や鉄条網で東西に隔てられ、首都ニコシアも市街地が二つに分割されている。壁の南側はキプロス共和国、北側は北キプロス・トルコ共和国だが、北キプロス政府を承認しているのは世界でもトルコだけ。キプロス島の住民はギリシャ系が七七％、トルコ系が一八％だが、北キプロスはほぼ一〇〇％トルコ系住民だけの国だ。

キプロスがイギリスから一九六〇年に独立した時は一つの国だった。それがなぜ南北に分断されてしまったかというと、ビザンティン帝国の復活を夢見たギリシャの無謀な拡張欲のせい。第一次世界大戦でオスマン・トルコが解体した時、ギリシャはイスタンブールやエーゲ海東岸の奪還を目指して失敗したが、その後エーゲ海の島々を地道に取り戻し、その仕上げにギリシャ系住民が多いキプロス島を併合しようとして大失態を演じたのだ。

地中海の要衝・キプロス島は、イギリスがエジプト防衛のための拠点としてオスマン・トルコから租借していたが、第一次世界大戦でトルコが敗れると植民地として併合した。植民地で民衆の不満が支配者へ向けられないようにわざと民族対立を煽《あお》っておき、自らは調停者の役を演じるという分割統治の手法は、歴史的にイギリスが得意とするやり方だが、キプロスでも少数派のトルコ系住民に肩入れし、ギリシャ系住民の反発を煽ったりもした。

一九六〇年にキプロスが独立を達成すると、ギリシャ正教の大主教で独立運動の指導者でもあったマカリオス三世が大統領に就任した。最初のうちはトルコ系住民から選ばれる副大統領には防衛や外交を含めた拒否権など大きな権限を与えていた。

やがてギリシャ系住民の間ではギリシャへの併合を目指す運動が高まり、マカリオスも一時はこれに同調して憲法を修正。副大統領の権限を縮小するとともに、キプロスを「独立した国家」と規定する条文を削除して、ギリシャとの統合に道を開いた。このため猛反発したトルコ系住民との間で一九六三年に内戦が勃発し、翌年国連軍が派遣されてとりあえず停戦にこぎつけた。その後、マカリオスは軍事独裁政権が続いていたギリシャへの批判を強めるとともにソ連に接近し、キプロスはギリシャを追われた民主化活動家の拠点になった。こうしてキプロスは、トルコ系とギリシャへの統合派、ギリシャ系でも軍事政権との統合には反対派の三つに分かれて対立が続いた。

そして一九七四年、ギリシャ軍の支援を受けたギリシャ系統合派の民兵がクーデターを起こす。これには、ソ連に接近した「赤い坊主」マカリオスを追放したがっていたアメリカがお墨付きを与えていた。クーデター部隊は戦車を先頭に大統領官邸へ突入して、専用車で脱出しようとしていたマカリオスを車ごと粉砕し、新政権を樹立したまでは良かったが、実はマカリオスは生きていて半日後にラジオで肉声を流す。クーデター部隊が爆破した専用車に乗っていたのは、あらかじめこうなることを予想して作らせておいた蠟人形だった――というなんだかスパイ映画みたいな話だが、マカリオス大主教の「復活」にギリシャ側は大混乱に陥る。

トルコ軍がトルコ系住民の保護を理由にキプロスへ出兵し、瞬く間に北部を占領すると、ギリシャ軍はトルコ本土への侵攻を決めて国民に総動員令をかけるが、上から下まで腐敗していた軍事政権の将校らが武器の横流しに精を出していたため、武器庫にあるはずの武器がなく、責任のなすり合いの果てに軍事政権自体が数日で崩壊。ギリシャでは棚からぼた餅式に民主化が実現したが、キプロス島はそれ以来二つに分断されたままだ。

もともとキプロス島では、ギリシャ系とトルコ系は地域に関係なく住んでいたが、クーデターやトルコ軍侵攻の過程でお互いの虐殺事件が起き、トルコ系住民は北へ、ギリシャ系住民は南へと難民になって逃げた。境界線には国連軍の監視地帯が作られ、南北の住民は二〇〇五年まで行き来ができなかった。

当初はキプロス島の面積の三七％を抑え、重要な港や観光地がある北が経済的に優位に立っていたが、国際社会から孤立したために観光客は減り貿易も衰退。一方で南は企業活動に税金がかからないタックス・ヘイブンとして発展したため、キプロス島の「南北格差」は拡大し、現在では南の住民一人あたりのGDPは北の三倍に達している。

二〇〇四年にはキプロスのEU加盟を前にして、国連の調停案による統一の是非について、南北で同時に住民投票が実施された。調停案は①南から北へ帰還するギリシャ系住民の数を制限する、②北ではギリシャ系住民の土地所有を制限する、③国会の議席数はギリシャ系とトルコ系が同数、④七年間はトルコ軍の駐留を認める——というもので、明らかにトルコ系住民に有利な内容。そもそもキプロス内戦のきっかけは、独立時にトルコ系の副大統領に与えられていた拒否権が剥奪されたからで、少数派のトルコ系住民を保護するべきということだろうが、住民投票の結果は、北では六一・五％が賛成したのに対して、南では七八・五％が反対して調停案は否決され、南のキプロス共和国だけがEUに加盟。北はますます孤立を深めている。

キプロス島に限らず、ギリシャ人とトルコ人は仲が悪い。ギリシャ人にはビザンティン帝国がオスマン・トルコに滅ぼされて以来の怨念があり、トルコ人には第一次世界大戦後の混乱でギリシャに攻め込まれた恨みがある。エーゲ海に浮かぶ島の帰属をめぐって現在も対立しているし、ギリシャの空港ではイスタンブール行きの飛行機を「コンスタンティノポリス行き」と案内している。

それでも両国は一九二〇年代に一〇〇万人以上の住民交換を行なって、国内の民族対立をお互いに解決してしまった。その当時イギリス領だったキプロスでは両民族の混住が続いたため、独立とともに民族対立が噴出したようだ。

自然に生きる人々が食いものにされた、砂漠の亡命政府
サハラ・アラブ民主共和国

■人口：五一万三〇〇八人（二〇〇九年）／首都：ラユーン（モロッコが占領中）／面積：二六万六〇〇〇㎢

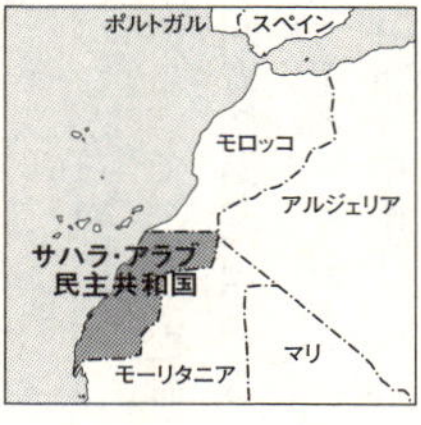

アフリカの地図を見ると、モロッコの南側に「西サハラ」という、国なのか国でないのか曖昧な地域がある。一昔前の世界地図だと「スペイン領サハラ」で、スペインの植民地だっ

たことがわかるが、それが独立して西サハラになったのかといえば、微妙なところ。サハラ・アラブ民主共和国が独立を宣言しているが、領土のほとんどはモロッコが占領し続けていて、サハラ・アラブ民主共和国はアルジェリア領内で亡命政府を作っている。

独立を要求する亡命政府なら世界各地にあるが、西サハラの場合は、少なからぬ国がサハラ・アラブ民主共和国を「国家」として認め、正式な外交関係を結んでいる点で、他の亡命政府とは「格」が違う。例えばチベットの亡命政府は、ダライ・ラマを国賓《こくひん》待遇で招待する国はあっても、チベットを国家として承認し外交関係を結んでいる国は、亡命政府があるインドも含めて存在しない。ところがサハラ・アラブ民主共和国は、アフリカや中南米を中心に約五〇カ国が承認し、大使館を置いている国もあり、アフリカ連合（ＡＵ）にも国家として加盟している。

西サハラの大半は砂漠で、日本の約七割の面積に約二七万人しか住んでおらず、世界でも人口密度が最も低い地域の一つだ。ここではベルベル人などの遊牧民が散在して暮らしていたが、スペインが目を付け、一九世紀後半の列強によるアフリカ分割で領有権を獲得。しかしスペインが支配したのは海岸沿いのいくつかの拠点だけで、長い間放任状態が続いていた。当時モロッコはフランス植民地になっていたが、一部はスペインにも分け与えられ、ジブラルタル海峡に面した北部とスペイン領サハラに接した南部、それと中部の港町・イフニはスペインの保護領になった。スペインはサハラと南部保護領、イフニを合わせて「スペイン領西アフリカ」と呼び一括して支配した。

戦後、アフリカ諸国の独立が相次ぐなかで、モロッコも一九五六年にフランスから独立した。スペインも同年に「はるか昔から領有していた」というセウタとメリリャの港町を除く北部保護領をモロッコに返還し、一年後には南部保護領も返還。イフニは死守する構えだったが、セウタとメリリャの領有をモロッコが黙認することを条件に、これも一九六九年に返還し、最後の植民地となったサハラも、スペインで独裁体制を続けたフランコ総統が死んだ一九七五年に、領有権の放棄を決めた。

この時モロッコは「他の保護領と同じく返還されて当然だ」と主張し、西サハラの全人口より多い三五万人のモロッコ人が西サハラへなだれ込む「緑の行進」を行なって、スペインに圧力をかけた。こうしてスペインとモロッコ、それにモーリタニアの間で西サハラの分割について秘密協定が結ばれ、一九七六年にスペインは撤退、西サハラはモロッコとモーリタニアが南北に分割した。

ところがこれに抵抗したのが、スペインを相手に独立闘争を続けていたポリサリオ解放戦線だった。西サハラの分割は新たな植民地支配だと、スペイン撤退の直後にサハラ・アラブ民主共和国の独立を宣言して、砂漠に作った「解放区」を拠点に武力闘争を始めた。解放戦線はまず南の「弱い方」のモーリタニアを集中的に攻め、首都まで攻め込まれたモーリタニアは一九七九年に領有権を放棄するが、モロッコはたちまちそこも占領してしまう。モロッコが砂漠だらけの西サハラの支配にこだわるのは、ここに豊富な燐鉱石が埋蔵されているためだった。

アフリカ諸国の多くが認めたサハラ・アラブ民主共和国だったが、米英仏や日本など西側諸国は承認しようとしなかった。これはポリサリオ解放戦線が社会主義国アルジェリアの全面支援を受けていたためで、一方のモロッコは北アフリカ随一の親米国だった。しかし、東西冷戦が終わりアルジェリアも一九八八年に民主化を発表すると、西サハラを取り巻く国際環境も一変した。

この年、モロッコと解放戦線が国連の和平プランを受け入れ、一九九二年にはようやく停戦が実現した。西サハラが独立するかそれともモロッコに併合されるのかは、国連の監視下で住民投票を行なって決めることになったが、一九九二年に実施するはずだった住民投票は毎年のように延期され、現在に至るもさっぱり実施のメドが立っていない。

これは誰が投票権を持つかで、モロッコとポリサリオ解放戦線が対立しているため。スペイン撤退当時に西サハラに住んでいた住民の多くは、モロッコ軍の侵攻でアルジェリアの難民キャンプへ逃れ、現在その数約一六万五〇〇〇人。一方で現在西サハラには約五一万人が住んでいるが、モロッコから移住してきた人が少なくない。

住民投票に参加できるのは「スペイン統治時に西サハラに住んでいた住民とその子孫」と決まり、難民でも当時西サハラに住んでいた証明があれば投票できることになったが、もともと住民の多くは遊牧民で移動しながら生活していたから、スペイン時代に「住民登録」なんてしなかった人がほとんど。スペイン領だった一九七三年の統計では、西サハラの人口は五万人しかいなかったとされている。またポリサリオ解放戦線では、モロッコがかつて西サハラ以外のスペイン領（イフニや南部保護領）に住んでいた人たちを、西サハラに移住させて投票に参加させようとしていると非難している。スペイン時代はこれらの地域も「スペイン領西アフリカ」でまとめて統治されていたから、区別がつきにくい。

こうして住民投票がずるずると延期されている間に、モロッコは実効支配の既成事実を重ねていて、「砂の壁」の建設を進めている。これは砂漠に鉄条網と地雷原を巡らせて、沿岸部の都市とゲリラが出没する内陸の砂漠との行き来を遮断するというもので、いわば万里の長城のような発想だ。砂の壁は少しずつ奥地へ前進を続けていて、現在では西サハラの三分の二が壁の内側、つまりモロッコの支配地域になっている。

五日間の独立を取り戻そうとする騒乱の中の安定国家

ソマリランド共和国

■人口：三五〇万人（二〇〇三年推定）／首都：ハルゲイサ／面積：一三万七六〇〇㎢

国家として崩壊状態の国といえばソマリア。一〇年に及んだ内戦の果てに、中央政府は一九九一年に完全に瓦解し、その後は軍閥もどきの地方勢力や政権が各地で群雄割拠して、さながら戦国時代の様相だ。一九九二年から九五年にかけて、アメリカ軍を中心とした国連のＰＫＦ（平和維持軍）が介入したものの、軍閥に宣戦布告されたうえ、殺された米兵の遺体を市中引き回しにする映像を全世界に流されて撤退。その後は国際的にも放置状態に置かれている。

そんななかで、一九九一年にソマリア北部で独立を宣言したソマリランド共和国は、内戦に明け暮れる他の地域をよそに安定が続き、アフリカでは平均以上の平和が保たれている。民主化も順調に進んで複数政党による地方選挙や総選挙を実施。これまで三代の大統領が就任したが政権交代はスムーズで、二〇〇三年の大統領選はわずか八〇票差の接戦だったものの、最終判断は最高裁判所に委ねられてカーヒン大統領の当選が決まった。しかしソマリランドは国際的に国家として認められていない。とっくに崩壊して実体がないソマリアを承認している国はたくさんあるのに、三五〇万人が暮らすソマリランド共和国を承認している国は存在しないのだ。

そのソマリランド共和国も、かつて五日間だけ国際的に承認されたことがある。一九六〇年の六月二六日から三〇日までで、正式な独立国としては世界短命記録だ。

スエズ運河の開通で、ソマリアは地中海からインド洋への出口に位置する海の要衝となったため、一九世紀にイギリス、イタリア、フランスによって分割され植民地になった。この時の英領ソマリランドが現在のソマリランド共和国で、伊領ソマリランドはそれ以外のソマリア、仏領ソマリランドは現在のジブチ共和国にあたる。

第二次世界大戦でイギリス軍がイタリア領や、ソマリ人が住むエチオピア東部のオガデン地方を占領すると、ソマリ人はフランス領を除いてイギリスによる支配の下で一時的に統一されることになり、「ソマリ人が住む地域を一つにして独立しよう」という大ソマリ主義が台頭した。こうして一九六〇年、イギリス領はハルゲイサを首都にソマリランド共和国として独立。そして五日後にイタリア領が独立すると、これと合併して現在のソマリア共和国が成立したのだ。

統一したソマリアの首都は南部のモガディシュに置かれ、政府や軍の高官も南部出身者が占めて主導権を握ったが、経済的には紅海の出口にあたるベルベラ港を抱えた北部の方が上。

このため北部では連邦制を求めて南部との対立が深まり、翌一九六一年には早くも北部の独立を求めて暴動やクーデター未遂事件が起きた。

一九六九年のクーデターでバレ議長（後に大統領）が率いる社会主義の軍事政権が誕生すると、オガデン地方併合を目指したエチオピアとの無謀な戦争に旱魃《かんばつ》も加わって経済は疲弊し、地域対立や氏族対立は激しくなるばかり。バレ政権の独裁下でも抑圧された北部では、一九八一年にソマリア国民運動（ＳＮＭ）を結成して、エチオピアを拠点にゲリラ戦を始めたが、八七年にバレ政権がエチオピア政府と反政府ゲリラへの支援中止の協定を結ぶと、エチオピアを追い出されたゲリラはソマリアに流れ込んで一挙に内戦が激化。南部や中部でも反乱が起きて、一九九一年にバレ大統領は海外へ亡命し、二〇年以上続いた独裁政権は崩壊した。それに代わる新政権樹立をめぐって各勢力が泥沼の内戦を始めて、現在に至っている。

ＳＮＭは新政権をめぐる勢力争いには加わらず、「一九六〇年の合併条約の破棄」を宣言し、ソマリランド共和国を「復活」させて、ＳＮＭのトゥール議長が大統領に就任した。つまりソマリランドはソマリアから新たに分離独立するのではなくて、かつて国際社会にも承認された「五日間だけの独立」を回復したと主張し、国旗も当時と同じ旗にしたのだが、承認する国はなく、経済は困窮するばかり、トゥール政権はゲリラ兵士たちに給料が払えなくなって、一九九一年末に瓦解した。

ここで普通なら内乱に突入するところだが、ソマリランドでは各氏族の長老たち一五〇人が立ち上がった。二年がかりの長老会議で憲法に代わる国民憲章を制定し、長老院と下院からなる二院制の議会と裁判所の設置や、長老院の任命による大統領制を定め、一九六〇年代にソマリアで首相を務めたイーガルを大統領に指名した。こうしてイーガルは長老たちの監督の下で治安を回復し、二〇〇一年に憲法制定の国民投票を実施。長老の間には民主化への抵抗もあったが、イスラム教の宗教指導者が間に入って仲裁した。イーガルは二〇〇二年に急逝するが、選挙は予定通り行なわれてカーヒン政権が誕生。ソマリ人はもともと各氏族の長老たちに率いられて暮らしていたが、長老が持つ伝統的な権威を基盤に国家建設を進めたことが、政権安定とスムーズな民主化を可能にした。

ソマリランドの経済も、ベルベラ港を復興させたことで内陸国エチオピアの玄関口としての収入や、家畜の輸出、そして海外に出稼ぎへ行った住民からの送金に支えられて好転し、独自通貨のソマリランド・シリングは、ソマリア・シリングよりも安定している。

一方のソマリアでは、中部にプントランド共和国、南部に南西ソマリアなどの政権が生まれたが、これらは独立国を目指すのではなく、あくまでソマリア内の自治政権。二〇〇〇年にジブチでソマリア暫定政府が発足したが、軍閥たちに認められずに頓挫《とんざ》し、二〇〇四年にはケニアで新たな暫定政府が発足したが、イスラム勢力との戦闘が続いている。ソマリランドはソマリアに復帰するつもりはなく、住民たちも内乱をいち早く収拾したソマリランドに誇りを持ち、「ソマリアとは別の国」という意識が定着しつつあるようだ。

国際社会がソマリランドを承認しようとしないのは、アフリカ連合（AU）に遠慮しているため。アフリカには部族対立や独立紛争を抱える国が多いが、ソマリランドの独立を承認してしまえば、自分たちの足元でも分離独立の動きにお墨付きを与えかねない。こうしてアフリカ型民主主義のモデルになっても良いはずのソマリランド共和国の存在は、国際的に無視され続けている。

【コラム】 私的超ミニ独立国家の作り方――シーランド公国

「独立国を作って王様になりたい！」と思ったら、どうしたらいいだろう？

基本的に、どこかの国が領土の一部（または全部）に対する領有権を放棄してくれて、そこで独立宣言をすればいい。植民地はそうやって独立したのだが、見ず知らずの外国人に頼まれて、領土を放棄してくれる奇特な国があるとは思えない。一九世紀ならロシアがアメリカにアラスカを売却したように、金で領土を売買することもよくあったが、今の時代ではまず無理。ちなみに日本から独立しようと本気で実力行動を起こした場合、刑法第七七条つまり内乱罪に該当して、首謀者は死刑または無期禁錮になりかねない。独立国を作るのは命がけなのだ。

もう一つの方法として、まだどこの国にもなっていない土地（無主の地）を探してそこに住み、領有宣言をすればいい。ただし南極は、南極条約で領土主権、請求権の凍結が取り決められているからダメ。大航海時代ならいざ知らず、偵察衛星が飛び回っている現代に、どこの国にも発見されていなかった無人島が存在するとも思えないが、近々爆発しそうな公海上の海底火山に狙いを定めておいて、島ができたら誰よりも先に上陸して領有宣言をするというのは、可能性があるかもしれない。

さて、それに近い手法で独立宣言をしているのが、イギリス沖合の公海上にあるシーランド公国だ。面積は二〇七㎡で人口は四人、国家元首になったのはロイ・ベーツ公というイギリス人。

シーランド公国の「領土」は、第二次世界大戦中にイギリス軍が作った人工島の海上要塞で、戦争が終わり放棄されていたが、一九六七年に元英軍少尉で海賊放送局を運営していたパティ・ロイ・ベーツが占拠して独立を宣言。さっそくイギリス政府に訴えられたが、裁判所は翌年「公海上なので裁判所の管轄外」だとして訴えを退けた。

こうしてパティ・ロイ・ベーツはロイ・ベーツ公を名乗り、切手やコイン（米ドルと等価のシーランド・ドル）を発行したが、ドイツ人アッヘンバッハを首相に任命してカジノを作ろうとしたところ、クーデターを起こされて公国から追放されてしまう。しかしロイ・ベーツ公は元英軍少尉だけあって、ヘリコプターで急襲し反乱を鎮圧。この後、アッヘンバッハたちはドイツでシーランド公国の「亡命政府」を樹立して、今も正統政権を主張しているとか。一方、ロイ・ベーツ公も八〇歳を超え、現在では息子のマイケルが跡を継ぎ、タックスヘイブンに加えてインターネットのデータヘブン、つまりインターネットに関するいかなる規制も受けない国として売り出そうとしている。

ところで、シーランド公国は果たして独立国といえるのだろうか。一九三三年のモンテビデオ条約によれば、国際法で認められるべき国家の要件は、①国民、②領土、③政府、④外交能力で、シーランド公国はこれらは満たしていそうだが、一九八二年に締結された国連の海洋法では、島について「自然に形成された陸地」と定義しているので、人工島は領土として認められず、人工島だけを支配するシーランド公国は、領土を持たないから国家とは認められないということになる。

ともあれ、シーランド公国を承認した国は、現在までのところ存在しない。

第四章
常識だけでは判断できない珍妙な国・地域

絶海の落人島は書類一つに五三〇〇㎞

ピトケアン島

■人口：五〇人（二〇〇八年）／中心都市：アダムスタウン／面積：四七㎢

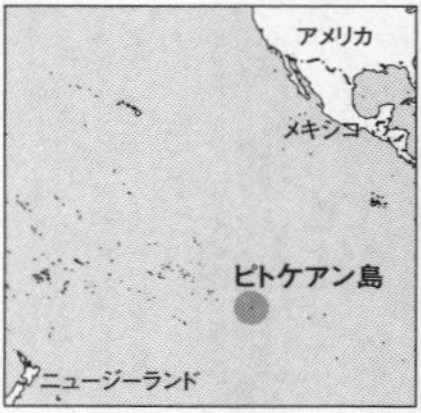

「絶海の孤島」という表現が世界で最もピッタリくる場所が、南太平洋の英領ピトケアン島だ。人口わずか五〇人。一番近い有人島へは四〇〇〇㎞、政庁があるニュージーランドまでは五三〇〇㎞も離れ、飛行場はなく、外部との交通手段はニュージーランドから北米へ向かう貨物船が三カ月に一回寄るだけ。いったいなぜこんな辺鄙《へんぴ》な場所に住みついた人がいるのかと思えば、辺鄙だからこそ住みついたのが真相。この島はバウンティ号反乱事件の首謀者たちの子孫が住む「落人《おちうど》島」なのだ。

一八世紀後半、イギリスは黒人奴隷を使い、カリブ海の西インド諸島の開拓を進めていたが、アメリカ独立戦争のおかげで、北米からの食糧供給が途絶えてしまう。そこでイギリスが思いついたのが南太平洋の島々に生えるパンの木で、実を焼けばパンそっくりな味になるという（実際はサツマイモの味と似ているらしい）。このパンの木を西インド諸島へ運んで植えれば、食糧問題は一挙に解決というわけで、英海軍のバウンティ号に「パンの木輸送作戦」を命じた。

こうして一七八九年に、タヒチでパンの木の苗木を積み込んだバウンティ号は西インド諸島へ向かったが、船上で水兵たちが反乱を起こし、ブライ船長と彼に味方した一八人の乗組員を小型ボートで追放してしまう。反乱の原因は、水兵たちがタヒチで女に溺れて戻りたくなったからとか、「パンの木さま」を枯らさないようにと乗組員の飲み水が制限されたから、とかいわれている。

反乱を起こした水兵はひとまずタヒチ島へ戻ったが、当時は水兵が反乱を起こせば死刑が常識。そこで反乱水兵のうち九人は、タヒチ人の女一二人と男六人をバウンティ号に乗せて、追っ手の来ない島を目指して出航。こうして翌年たどりついたのが「絶海の孤島」であるピトケアン島だった。

ピトケアン島に上陸した一行は、証拠隠滅のためバウンティ号に火をつけて沈め、自給自足のサバイバル生活に入ったが、やがて男同士の殺し合いが始まり、文字通りの「サバイバル」になった。女をめぐるトラブルをきっかけに奴隷のようにこき使われていたタヒチ人が水兵を殺し、残った水兵がタヒチ人を殺し、今度は水兵同士で殺し合い、一八年後にアメリカの捕鯨船が訪れた時、島で生きていたのは女一〇人と子供二三人、そして男はジョン・アダムスただ一人だけだった。

一八一四年に島を訪れたイギリス船が、ここが反乱水兵の「落人島」であることを発見すると、イギリス本国ではたちまちビッグニュースとなった。アダムスはイギリス国王の恩赦《おんしゃ》で反乱罪を許されたが、島で最後に生き残った男だから、さぞや凶暴な人だったのかと思えば、そうでもなかったらしい。現在、ピトケアン島の人々は英語を基礎にしてタヒチ語が混じったクレオール語を話しているが、英語が基礎となったのはアダムスがたった一冊だけ持っていた聖書をもとに、子供たちに英語の読み書きを教えたためだった。

イギリス船による再発見の後、ピトケアン島には英国の教会から日用品などの援助物資が届くようになったが、孤島での生活はなにかと不便。そこで一八三一年にイギリスは島民全員をタヒチへ移住させたが、ピトケアン島で生まれ育った人たちは病気に対する免疫《めんえき》がほとんどなかったため、バタバタと倒れてしまった。そのため半年後、島民たちは再びピトケアン島へと戻ってきた。

しかし島の人口が増え一〇〇人を超えると、再び水不足や土地不足が深刻となる。そこで今度はタヒチ移住の教訓から無人島へ移ることに決め、一八五六年に全員がオーストラリアに近いノーフォーク島へ移住した。ノーフォーク島ではさして不自由のない暮らしをしていたものの、やがてピトケアン島への郷愁を抑えきれなくなる者も現われて、六組の家族がピトケアン島へ戻った。このためピトケアン島と六〇〇〇㎞離れたノーフォーク島では、現在も同じ言葉が話されている。

ピトケアン島の人々は、農業や漁業で自給自足の生活を続けながら、島に立ち寄った船に水や食糧を売り、替わりに日用品を購入するなどして暮らしていた。やがて飛行機の時代となり、また船も大型化・高速化したことで島に寄る船は減ったが、代わって島の収入源となったのがコレクター相手に販売するオリジナルの切手。切手の売り上げが落ちてきた最近では、インターネットの独自ドメイン「pn」の売り出しも図っているらしい。

島に政府機関はなく、イギリスの総督はニュージーランドに駐在している。つまり島民が政府に用がある時には、「外国」のニュージーランドへ行かなくてはならない。ほかにも高等教育や出稼ぎで島民たちはニュージーランドに頼って暮らしてきたが、そのまま移住する島民も相次ぎ、島の人口は一九三七年の二三三人をピークに減少を続けている。女性はほとんどニュージーランドの病院で出産するため、現在では島の子供は生まれながらにしてニュージーランドの居住権を持っている。そう遠くない将来、ピトケアン島は再び元の無人島に戻ってしまうのかもしれない——と思っていたら、島は早くも存亡の危機に立たされている。

一九九九年に島へやって来たイギリスの女性警官が、島の成年男子の多くが一四歳以下の少女と性行為をしていたことを発見した。イギリスの法律では立派な犯罪行為。かくして島の男たちは起訴され、島には裁判所がないので同じ英連邦のニュージーランドで裁かれることになったが、島民たちは猛反発。そもそも何が犯罪にあたるかは、民族の文化・慣習によって判定基準が異なるはず。例えばイスラム国では酒を飲んだら犯罪だ。ピトケアン島の男たちは「性に早熟なのはタヒチゆずりのポリネシア的性風習」だと主張して、ニュージーランドの判断基準で裁かれたらタマラナイ!と、島の事件は島で裁くように要求している。

二〇〇四年には島の成人男子一二人のうち四人に実刑判決が下ったが、男手の三分の一が刑務所へ入ったらたちまち漁業は成り立たなくなるし、沖合に停泊した貨物船と島との間を往復する生活物資の荷揚げ作業も不可能になり、女性や子供も島を離れざるを得なくなってしまう。島で研究をしているアメリカの学者は「国連に訴えて島の独立を宣言したら」と持ちかけているらしいが、いくらなんでも「性犯罪」逃れのために、人口五〇人で独立というのは……。

日本人でも自由に暮らせる不思議な外国
スバールバル諸島

■人口:二五七二人(二〇〇九年)/首都:ロングヤービーエン/面積:六万一〇二二㎢

日本人が海外で暮らすには、その国の許可が必要だ。観光目的ならノービザで行かれる国はあるが、滞在期間が限られている。そんななかで「好きなだけ勝手にいてもいいですよ」という場所がこの地球上に二カ所だけある。一つはどこの国の領土でもない南極。そしても

う一つがスバールバル諸島だ。どこにあるのかと思えば、北極。北極だから、やはりどこの国の領土でもないのかといえば、そういうわけではない。スバールバル諸島はれっきとしたノルウェー領だが、一九二〇年のスバールバル条約で、日本を含めた条約国の国民は、島で自由に滞在したり、工・鉱業、商業などを営んでも良いことになっている。だから滞在どころか、ラーメン屋なんかを開いても構わない。

スバールバルとは「冷たい海岸」の意味で、島々の三分の二は一年中氷に覆われている。一二世紀末にバイキングが発見していたが、島の存在が本格的に知られるようになったのは、一六世紀末のこと。当時オランダやイギリスは、喜望峰回りでアジアへの航路を制覇していたポルトガルに対抗して、北極回りでアジアへ至る航路を発見しようと、何度も探検隊を出していたが、一五九六年にオランダ人のバレンツが探検の途中でスバールバル諸島に上陸。結局、アジアへの航路開拓は氷に閉ざされて失敗したが、北極海にクジラがたくさんいることがわかり、イギリスとオランダは一六一〇年代に相次いでここに捕鯨の拠点を建設した。

当時イギリスやオランダは、スバールバル諸島はグリーンランド（デンマーク領）の一部だと思っていたので、ノルウェー国王（一八一四年までデンマーク国王が兼任）に捕鯨の許可を得ていた。しかし、スバールバル諸島がグリーンランドとは別だとわかって、一六一五年にイギリスが領有を宣言。ところが島はオランダ人の方が先に見つけていたし、ノルウェー国王も「ノルウェー領だと認めない国には、捕鯨の許可を与えない」と言い出したため、イギリスの領有宣言は国際的に認められず、島は「なんとなくノルウェー領」ということになった。

しかしノルウェーは島を本格的に統治しようとはせず、島に移住したいという国民にも許可を出さなかった。これはスバールバル諸島を実効支配すると出費がかさむし、改めて領有宣言をすれば他の国も領有権を主張しだして揉めそうだと懸念したから。かくして島では各国の船がクジラを捕ったり、ロシア人がキツネ狩りをするようになったが、ノルウェーは好き勝手にやらせていた。

ところが一八六四年に島で石炭が発見されると、スバールバル諸島の領有にハリキリ出したのがスウェーデンで、各国に「スバールバル諸島はノルウェー領とすること」を打診して回った。なぜスウェーデンがノルウェー領と主張したかといえば、一八一四年から今度はスウェーデンとノルウェーが、国王が兼任の連合王国になったから。スウェーデン領だと主張するには地理的にも歴史的にも無理があったので、ノルウェー領ということにして、スウェーデン人が自国同様に支配しようとしたらしい。

イギリスやオランダ、フランス、ドイツ、デンマークは漁業や狩猟を認めることなどを条件に、ノルウェー領とすることに同意したが、ロシアは領有権を主張し始めて反対。そして肝心なノルウェーは相変わらず乗り気なしの状態だった。こうしてスバールバル諸島は「無主の地」、つまりどこの国の領土でもないことになった。

二〇世紀に入ると、イギリスやアメリカ資本の炭鉱が操業を開始し、ドイツやノルウェーの船会社は観光ツアーを始めて、島の開発が本格化した。それに伴って、英米人の炭鉱経営者とノルウェー人炭鉱労働者との間で労働争議が起きたり、ドイツ人観光客のトナカイ狩りに縄張りを荒らされたロシア人猟師が怒ったり、炭鉱と猟師が対立したりと、さまざまなトラブルが起きるようになった。しかし無主の地のままでは法律が存在しない。これでは困るということで、イギリスはスバールバル諸島をノルウェー領にすることを提案し、各国は相次いでこれに賛成したが、今度は一九〇五年にノルウェーと分離したスウェーデンが猛反対して頓挫。代わってスバールバル諸島を国際管理地帯にして、ノルウェーとスウェーデン、ロシアが委員会を作って統治することが決まった。

こうして三カ国は司法や行政に関する条約案を作り、関係国に調印するよう求めたが、アメリカが拒否権を与えるように求めて反対、アメリカの修正案にはロシアが反対してまとまらず、そうこうしている間に第一次世界大戦が始まって、どこの国も島どころの話ではなくなってしまった。

その第一次世界大戦中に、ノルウェーはアメリカ人が経営する炭鉱を買収し、島と本土とを結ぶ通信網を完成させて島への影響力を強めた。一方で敗戦国となったドイツは発言力がなくなり、ロシア革命で誕生したソ連も島にかまっていられない状態だったので、大戦後のパリ講和会議では「いっそノルウェーに任せればいいのでは」という雰囲気になった。こうして島を正式にノルウェー領と認めるスバールバル条約が結ばれて、一九二五年から発効することになった。

この条約では、スバールバル諸島をノルウェーの領土として認める代わりに、歴史的な経緯からノルウェーは条約締結国の国民がノルウェー国民と対等に島で滞在したり、土地の所有や漁業、狩猟、工業、鉱業、商業、海洋活動を行なうことを認めた。またノルウェー本国から財政的に独立し、島内で徴収した税金は島内で使うことや、島の非武装化が規定された。条約にはパリ講和会議で最高理事国の一つだった日本も加わり、後にドイツとソ連も調印して、現在までに条約を締結した国は四一カ国に増えている。

スバールバル諸島では今もノルウェーとロシアの炭鉱が操業を続けている。住民の七二％はノルウェー人で、二八％はロシア人やウクライナ人。ノルウェー人の町には学術活動の拠点もあり、アザラシやクジラを見に来る観光客で賑わっているが、ロシア人やウクライナ人の町はソ連崩壊で補助金がストップし、食糧供給もままならないほど。同じ島の町なのに、天と地ほどの格差があるようだ。

飛び地の飛び地の飛び地、小さな世界で生きる人がいる

クチビハール

■人口：不明／中心都市：なし／面積：不明

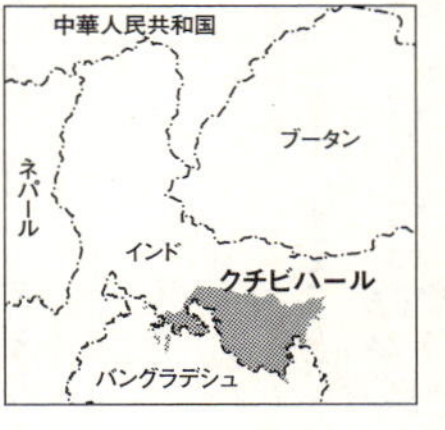

本土との間を外国領で隔てられた飛び地といえば、アメリカのアラスカや、ロシアのカリーニングラードなどがある。もっとも陸地がつながっていないといっても、飛行機や船では本土と結ばれているわけで、住民にとっては離島に住んでいるのとさして変わらない。

ヨーロッパには周囲を完全に外国に囲まれた飛び地がいくつかあって、オランダとベルギーの国境にあるバールレ・ナッソーは、オランダ領の中にベルギー領の飛び地が二二カ所、ベルギーの中にオランダ領の飛び地が八カ所存在している。一つの町の中を国境線が入り組んで、二つの国にまたがって家が建っていたりする場所だが、両国の行き来は完全に自由、通貨もユーロで共通なので、住民が実生活で困ることは少なく、むしろ飛び地を観光の目玉にして潤っているようだ。

それに対して、住民が何十年間にもわたって不便を強いられている飛び地が、インドとバングラデシュにまたがるクチビハールだ。インド領内にバングラデシュの飛び地が九五カ所、

バングラデシュ領内にインドの飛び地が一二九カ所入り乱れて、飛び地の中の飛び地の中にまた飛び地があるという状態だ。

しかもバングラデシュは一九七一年までパキスタンの一部だったが、インドとパキスタンは核戦争をしかねない間柄。バングラデシュが独立してからは、インドとの関係はそこまで険悪ではなくなったが、水争いなどでなにかとしっくりいかない仲。だから相手の領土を通って本土と飛び地の間を行き来することは厳しく制限され、政府も果たして飛び地に何人住んでいるのか把握不能というありさま。飛び地から出ようとした住民が国境警備兵に射殺される事件もしばしば起きている。

かつて一帯のインド領の土地はクチビハールの藩王《マハラジャ》が、バングラデシュ領の土地はランプールの領主が支配していた。二人がギャンブルで勝負したところエキサイトしてしまい、領地を賭けて争った結果、領地が入り乱れてゴチャゴチャになってしまった——という言い伝えがあるが、封建時代の領地というものは、中世のヨーロッパや日本の江戸時代の藩領のように、相続や毀誉褒貶《きよほうへん》の結果、複雑に入り乱れていたことが多かった。

イギリスがインドを支配すると、ランプールは東インド会社直轄のベンガル州となり、クチビハールは藩王国としてマハラジャによる統治が続けられた。一九四七年にインドが独立した時、イスラム教徒が多かった東ベンガルはパキスタンの一部として分離独立することになったが、その北側にあったクチビハール藩王国は、マハラジャがヒンズー教徒だったのでインドに加わった。こうして封建時代の境界線がそのまま国境になったので、飛び地だらけになってしまった。

カシミールのように旧藩王国の領土を奪い合って戦争状態を続けているよりは、飛び地だらけになっても「歴史的な境界線」をそのまま国境にした方がよっぽど平和的だが、飛び地に住む住民たちは大変だ。バングラデシュ領内にあるインドの飛び地に住む人は一〇万人に達すると見られているが、正確な数はインド政府にもわからない。小さな飛び地へは政府の役人が行くことができず、国勢調査が実施できないからだ。

住民は許可を得れば本土へ行くことができるが、双方の国境警備隊にそのつど申請をしなければならないし、面倒な手続きが必要だ。だからこれらの飛び地に住む人は、学校には通えず、病院にも選挙にも行けない状態が続いている。いまだに電気が引けない村も少なくないという。

これではいくら何でもひどすぎるということで、一九九六年には本土と飛び地を結ぶ試みが始まった。インド領内にあるバングラデシュの二つの村（ダハグラム村とアンゴルポタ村）とバングラデシュ本土との間に回廊を設けて、自由に行き来ができるようにしたのだ。

この回廊は一七八ｍ×八五ｍの土地で、「回廊部分に対するインドの主権と、インド国民が回廊内を通行する権利を完全に保障する」という条件付きで、バングラデシュがインドから永久に租借。回廊内ではバングラデシュ本土と飛び地を結ぶ道と、インド領同士を結ぶ道

（どちらも車がやっと通れる程度の道）が交差していて、周囲はフェンスで覆われ、四隅には「インドの主権」を確認するためにインド国旗がはためいている。

「自由に行き来できる」といっても、実際にバングラデシュ人が通行できるのは昼間の八時間だけで、しかも時間を区切ってインド人とバングラデシュ人を交互に通行させる仕組み。「インド人通行タイム」にはバングラデシュ側の門は閉ざされ、回廊の両側にある待合室で、次の「バングラデシュ人通行タイム」を待たなくてはならない。バングラデシュの警察や軍が通行する時は、事前にインド政府へ通告する決まりだ。

まだまだ不便極まりないようだが、これでも四〇年がかりの交渉でようやく実現したものだ。インドとバングラデシュ独立前のパキスタン政府は一九五八年に飛び地交換で合意し、この二つの村はインド領に移され、代わりに近くのベルバリ村の半分がパキスタン領になるはずだった。しかし、二つの村は住民の八〇％がイスラム教徒で、ベルバリ村は九〇％がヒンズー教徒だったため、住民たちが猛反発して実施できなかった。またパキスタンからバングラデシュが独立した後、一九七四年と一九八二年に協定が結ばれて、バングラデシュの二つの村と本土とを結ぶ回廊を設けることになったが、今度は周辺のインド領の住民たちが猛烈に反対し始めた。バングラデシュ人が通行する間、インド人は通行できないので不便になるし、ヘンな回廊など作ったら不法入国者が増えかねないし、治安が悪くなって牛が盗まれたらどうする！と訴訟にもなった。

こうして四〇年かかって二つの村が本土と行き来できるようになったが、両国合わせて二〇〇以上ある飛び地からすれば、まだまだほんの一部分。飛び地で日常生活にも困っている住民たちの最終的な解決の目途は立っていない。

植民地の支配権をめぐる、どっちもどっちの争い

ジブラルタル

■人口：二万九二八六人（二〇〇八年）／面積：六・八㎢

ジブラルタルは、スペインの南端にあるイギリスの植民地。地中海の出口にあたるジブラルタル海峡に突き出たイギリス軍の要塞都市だが、最近ではイギリス陸軍が撤退して軍事的な重要性は薄まり、観光地として賑わっている。ジブラルタルの大部分は巨大な石灰石の岩山で、面積は豊島区の半分くらい。

スペイン本土とは長さ一・六㎞、幅八〇〇mの砂州で繋がっているが、砂州を横切って空港の滑走路があり、スペイン領へ行く道路と平面交差。飛行機が離発着するたびに道路には踏切のような遮断機が降りて、人や車が行列を作る。いかにも土地の狭さを象徴した光景だ。

古代フェニキア人が紀元前一〇世紀に植民して以来、ジブラルタルは地中海西部を制する要として争奪が繰り返され、古代ギリシャ神話では、対岸のセウタとともに「ヘラクレスの柱」として登場する。カルタゴ、古代ローマ、西ゴート王国、バンダル王国、東ローマ帝国、サラセン帝国、後ウマイヤ朝と支配者が入れ替わり、一五〇一年にイスパニア王国がここを占領するまで、イベリア半島におけるイスラム教徒（ムーア人）の最後の砦だった。

しかしスペイン人がジブラルタルを支配したのはわずか二〇〇年。一七〇四年にはスペイン継承戦争に介入したイギリスが占領し、一七一三年のユトレヒト条約で正式なイギリス領に。この時、ジブラルタルには約一二〇〇世帯が住んでいたが、イギリス国王に忠誠を誓わない者は追い出されて二二世帯だけが残留し、代わって当時スペインで迫害されていたユダヤ人が流れ込んだ。

スペインにとって、自国の喉元にイギリスの植民地が突き刺さっているのは屈辱だ。そこで「イギリスによる軍事使用は認めたが、領土としての主権まで認めた覚えはない」と、一貫してジブラルタルの領有権を主張。時には国際世論に訴えたり、はたまた実力で取り戻そうと試みたりした。

一八世紀にはスペインはフランスと手を結んで、何度かジブラルタル奪還を試みたが失敗。「難攻不落のジブラルタル」と呼ばれるようになったのは、この頃のこと。やがてナポレオンがヨーロッパ征服に乗り出すと、スペインはイギリスと同盟を結んだが、この時イギリスはジブラルタルに面したスペイン領の砦を、「ナポレオンに占領されるかもしれないから」と狡猾《こうかつ》に取り壊してしまう。

第二次世界大戦では、フランコ総統率いるスペインはドイツと協力してジブラルタルの占領作戦を立て、イギリスも民間人を疎開させて臨戦態勢に入っていたが、戦況が連合国に有利になると、フランコ総統はドイツと距離を置いて中立を宣言し、ジブラルタル奪還は断念することになった。

戦後、世界各地の植民地が独立したり本来の領有国へ返還されるなかで、イギリスはジブラルタルを返還するつもりはなかった。むしろ一九五四年に、エリザベス女王が即位した時の英連邦歴訪の最後の寄港地にしたり、一九八二年のチャールズ皇太子とダイアナ妃のハネムーンでわざわざ出発地に選んだりして、露骨にスペインを挑発していた。

スペインはイギリスの「不法占領」を国連に訴え、一九六七年には国連総会でジブラルタルのスペイン返還を求める決議が採択された。これに基づいて一九六九年にはスペインが国境を封鎖し、ジブラルタルとの行き来を遮断したが、イギリスは一向に平気で無視。スペインから出稼ぎに来る労働者が制限されれば、対岸のモロッコから労働者を導入して対抗した。

イギリスがあくまで強気だったのは、ジブラルタル住民の支持があったから。ジブラルタルの人口二万九〇〇〇人のうち、大部分はスペイン系で、ユダヤ人とインド人が二％、モロッコ人が四％だが、スペイン系の住民たちはジブラルタルのスペイン返還に賛成かといえば逆で、イギリスが一九六七年に行なった住民投票では、イギリス統治の継続賛成が一万二一三八票に対して、スペイン返還に賛成したのはわずか四四票だった。

当時のスペインはフランコ政権の独裁下で、政治的な自由はなく、国民所得は西欧先進国の六〜七割で経済的にも遅れをとっていた。それに比べてジブラルタルは自由貿易港として税金が安く、基地の町として経済的に潤っていた。一九六九年にジブラルタルは自治植民地となり、外交や防衛、財政、治安を除いては議院内閣制による内政自治が実施された。「母国」のスペインよりも、イギリス植民地の方が、豊かで自由で民主的だったのだ。

一九七五年にフランコ総統の死去でスペインの民主化が実現し、一九八六年にEU（欧州共同体）に加盟したのと前後して、イギリスとスペインとでジブラルタルの将来について話し合いが始まり、スペインとの国境も一九八五年に全面開放された。

そして二〇〇二年には、イギリス女王とスペイン国王による共同の主権下で、ジブラルタルに独立国に近い自治を与える提案が発表されたが、一一月に実施された住民投票の結果は、なんと九八・九七％が共同統治案に反対票を投じたので、今後もイギリス領のまま残ることが決まった。

実際のところスペインも、ジブラルタルの領有権についてはあんまり強硬なことを言えた義理ではないのだ。もう一つの「ヘラクレスの柱」である地中海対岸のセウタは、アルジェリア国境に近いメリリャとともにスペインが支配し続けていて、モロッコからの度重なる返還要求を無視している。このほかにも一般の世界地図には小さすぎて載っていないが、スペインはセウタとメリリャの間に、ペニョン・デ・ヴェレス・デ・ラ・ゴメラやペニョン・デ・アルホセイマという、面積たった数ヘクタールの飛び地を持っていて、スペイン軍が常駐している。

スペインの言い分は「大航海時代からスペインの領土で、植民地とは違う」というもの。二〇〇二年七月にはセウタの沖合で、スペイン軍はモロッコ軍と無人島の争奪戦を繰り広げたばかり。こんなことをしているから、ジブラルタルの住民投票では「イギリスのままが良い」と共同統治への反対票が増えたのでは。

二人の元首と中世を背負う、ピレネー山脈の小国
アンドラ公国

■人口：七万五〇〇〇人（二〇〇七年）／首都：アンドラ・ラ・ヴェリャ／面積：四六八㎢

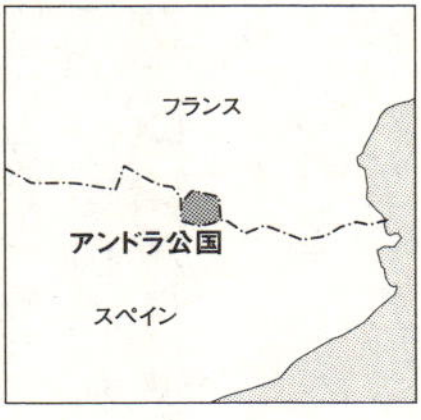

フランスとスペインの国境地帯、ピレネー山脈にあるアンドラは、横浜市ほどの面積の小さな山国。世界地図では以前から「アンドラ共和国」として独立国のように描かれていたが、

実はフランスの大統領とスペインのウルヘル司教が主権を共有する、共同統治の特殊地域だった。

一九九三年にアンドラは住民投票で憲法を制定し、その名をアンドラ公国と改めて独立することになった。フランスとスペインもアンドラを主権国家として認め、さっそく国連に加盟し、日本やその他の国々とも外交関係を結んで、ようやく本格的な独立国に。ただし、現在でもフランスの大統領とウルヘル司教が象徴的な共同元首を務めている。

アンドラが特殊な地域になった経緯は九世紀に遡る。八三九年にウルヘル司教がアンドラの住民に自治を認め、一一世紀初めには地方の豪族に封土として与えたが、やがてこの所領を相続したフォア伯爵とウルヘル司教との間で支配権をめぐる対立が起き、一二七八年に双方は徴税、司法、徴兵などの封建領主権を対等に共有する契約を結んだ。その後、ウルヘル司教が持つ宗主権はそのまま現代へ至るが、フォア伯爵が持っていた宗主権は相続によってフランス国王に移り、さらにフランス大統領に受け継がれることになった。

かつて「辺境の地」とされたピレネー山脈には、小王国や広範な自治権を持つ地域がいくつも存在していたが、フランスやスペインの中央集権が進み、両国の国境線が調整されるにつれて消滅していった。しかし、アンドラだけは共同主権というややこしい制度のおかげで、どちらかの国に併合されることもなく、そのまま残ったもの。

共同統治時代のアンドラには、フランス政府とウルヘル司教がそれぞれ任命したベグエールと呼ばれる総監が駐在していた。二人のベグエールが裁判官の任命や議会の召集などを共同で行ない、その下でアンドラ住民によって選出される議会の自治が行なわれていた。議会はアンドラ領内の六つの村から四人ずつ選出された合計二四人の議員で構成されていて、議長と副議長はベグエールにより任命。またアンドラは、宗主国であり「領主」であるフランスへ九六〇フラン、ウルヘル司教へクリスマスにニワトリとチーズとハムと四六〇ペセタを一年ずつ交互に上納していた。

中世的な制度の下で、小国アンドラはのどかに続いてきたのかと思えばそうでもない。左右の対立が激しくなったスペインで、一九三三年に右翼政権が誕生すると、フランスはアンドラを占領して圧力をかけた。翌三四年には「ボリス一世」と名乗る男が現われてアンドラの王位を主張し、ウルヘル司教に宣戦を布告したが、スペイン警察に逮捕される事件が起きている。一九三六年から四年間続いたスペイン内戦の期間中は、フランコ将軍率いるファシスト勢力の浸透を恐れて、フランスが再びアンドラを占領した。また、かつてアンドラは第一次世界大戦でドイツに宣戦布告をしたが、パリ講和会議やベルサイユ条約の批准に招かれていなかった（存在を忘れられていた）ことが明らかになって、一九五八年に四〇年遅れで西ドイツと平和宣言を発表している。

近年までフランス側との「国境」は一年のうち半分以上が雪に閉ざされていたので、住民はスペイン系が多く、共同統治時代はフランス語とスペイン語の両方が公用語とされたが、住民たちは主にカタロニア語（スペイン北東部の言葉）を話していた。ただし、警察や郵便、通信などはフランスが支配し、通貨は両国のお金が通用したがフランスの通貨圏に組み込まれ、宗教指導者に過ぎないウルヘル司教には外交上の権限がないので、フランス政府がアンドラの外交を一手に引き受けていた。

山間の渓谷に広がるアンドラには、農業に適した土地は少なく、産業といえば牧畜と小さな鉱山、それに大理石の石切り場があるくらいのもの。しかしフランスとスペインの双方の関税がかからなかったので、両国を結ぶ「公認の密輸ルート」として繁盛し、それによって潤ったアンドラでは、住民に納税の義務がなかった。また内戦やフランコ総統による独裁体制が続いたスペインからは政治亡命者たちが逃げ込み、アンドラ放送局では高地で電波が遠くまで届きやすい地の利を生かして、政治的なプロパガンダ放送の拠点を提供して収入を上げていた。

現在ではＥＵ域内の関税が撤廃されてしまい、密輸のうまみはなくなったが、ＥＵに加盟していないアンドラでは、付加価値税（消費税）がないため、国中が「免税店」状態だ。また温泉やスキー場をウリにして、年間一〇〇〇万人の観光客が訪れ、現在では観光産業がアンドラのＧＤＰの八〇％を支えている。

戦前から一九五〇年代にかけて六〇〇〇人前後だった人口は、現在では七万五〇〇〇人に膨れ上がっている。もっとも生粋のアンドラ人はそのうち三三％で、住民はスペイン人（四三％）が一番多く、ほかにポルトガル人（一一％）、フランス人（七％）など。独立後はカタロニア語が公用語に指定されている。

観光地として賑わうアンドラだが、アンドラ人に対して昔はこんな評判もあった。

「アンドラ人の性情を見るに、聡明で理解力に富んでいるが、極端なる狡猾者である。それは不安な自治の喪失を恐れるのからも来るのであろうが、また一方密輸の奸智《かんち》にも長じているのを見れば、一概にそうでもあるまい。取引先で相手を欺き、暴利を貪ることは当然と思い、かつ一旦それが露見すれば直ちに馬鹿正直を装う等、まことに巧みなものである。近郷の人々は『またもアンドラを発揮した』等と言って、人を欺いた者を風刺しているほどである」（『世界地理風俗大系第一三巻』新光社、一九二九年）

今でも近くの村人たちは、嘘をついた人に「またもアンドラを発揮したな！」と言って、からかっているのだろうか？　アンドラへ観光に行こうという人は、とりあえずボッタクリにはご用心。

元ボクシングヘビー級王者にノックアウトされた王国

ブガンダ王国

■人口：不明／首都：カンパラ／面積：不明

ウガンダといえば、一九七一年から八年間政権の座にあったアミン大統領があまりにも有名。ある日突然「アラーのお告げがあった」と言い出して、経済を支配していたインド人を国外追放したり、三〇万〜四〇万人の国民を粛清したといわれ、「食人大統領」なるあだ名まで付いた。またアミン大統領は元ヘビー級ボクシングのチャンピオンで、なんとアントニオ猪木に異種格闘技戦を挑んでいたが、試合前にクーデターで追放されてしまったので実現しなかった。

さて、ウガンダという国名は、何百年も前からこの地にあった「ブガンダ王国」にちなんで付けられたもの。そのブガンダ王国はイギリスの植民地統治の下でも続き、一九六二年にイギリスからウガンダが独立した後も「国の中の王国」として存在し続けていた。そして一九六六年にウガンダからの独立を宣言したが、その直後に若き日のアミン率いるウガンダ軍に攻め込まれて消滅。現在では王様だけが復活している。

肥沃な土地が広がるウガンダ一帯には、白人がやって来る前からブニョロ王国やブガンダ王国、トロ王国、アンコーレ王国などが並び立ち、当初はブニョロ王国が強大だったが、一七世紀半ばから中央集権と官僚機構を整えたブガンダ王国が台頭した。

一九世紀後半になるとイギリスが進出してくるが、この頃ブガンダではアラブ商人によってイスラム教がもたらされ、一方でヨーロッパ人宣教師によってキリスト教も広まった。ブガンダのムワンガ王は、これら宗教への改宗者を処刑していたが、イスラム教に改宗した兄弟たちに追放されてしまった。王座を追われたムワンガ王に手を差し伸べたのがイギリスで、ムワンガ王はキリスト教徒軍を率いて王位を回復し、ヨーロッパとの結び付きを深めることになった。

イギリスは当初、ウガンダもケニアと同じくイギリス東アフリカ会社（ＩＢＥＡ）に統治させようと、会社に遠征軍を派遣させた。遠征軍がまず到着したブガンダでは、ムワンガ王は会社に従うことを受け入れたが、イスラム教徒が多いブニョロでは激しい抵抗を受けて征服できなかった。このため東アフリカ会社では「軍事支出がかさんで採算に合わない」と撤退し、イギリス政府は王国を保護領にして残すことにした。こうして一八九四年にブガンダ王国が保護領になり、二年後には残るブニョロ、トロ、アンコーレの各王国も保護領となった。いわばブニョロ王国が東アフリカ会社軍に抵抗したおかげでブガンダなどの王国は残されるようになったのだが、ブガンダはブニョロ征伐に協力してイギリスとの関係を固め、議会や内閣を設置して近代的な統治システムを確立し、王国の中でも特別な存在となった。

さて第二次世界大戦後、アフリカ各地で独立運動が盛んになったが、ウガンダではイギリスからの独立運動よりも、イギリスの手先になっていたブガンダ王国の民主化を要求する声が高まった。一九五三年、イギリスが白人中心の東アフリカ連邦を作ろうとすると、黒人たちは猛反発。ブガンダ王のムテサ二世は議会に突き上げられ、イギリスに対してブガンダ独立を要求したところ逮捕されてロンドンへ送られてしまう。それまで「イギリスの手先」と評判の悪かった王様は、いちやく反植民地派のヒーローとなり、ムテサ二世の帰国要求という形でかえって独立運動に火がついた。

イギリスは仕方なく二年後にムテサ二世の帰国を許し、ウガンダの独立交渉が始まったが、すっかり自信を深めたブガンダは王国存続のためにあれこれ画策し始めた。ウガンダ人民会議（UPC）が結成されて「単一共和国によるウガンダ独立」を主張すれば、ブガンダ王国では「王のみ」を意味するKYを結成して、連邦制を要求。連邦制が受け入れられないと見るや、ブガンダ王国は一九六一年にイギリスから単独で独立すると宣言した。

もっとも、歳入の約半分をイギリスからの交付金に頼っていたブガンダ王国は本気で独立するつもりはなかったようで、「独立日」の一月一日になっても何も起きずじまい。それでもブガンダの強硬姿勢は十分伝わって、ブガンダ王国を連邦構成国、その他の三王国を準構成国とする条件で、ウガンダを連邦制として一九六二年にイギリスから独立することが決まった。

独立後のウガンダでは、ムテサ二世が象徴的な大統領となり、ＵＰＣとＫＹが連立与党を組んでＵＰＣのオボテが首相に就任した。連邦と王国の共存はスムーズにいったかと思ったが、一九六四年にオボテ首相がブガンダ領の一部で住民投票を実施して、ブニョロ領へ編入することを決めたため対立するようになった。そして一九六六年、連邦議会でＫＹの書記長が「アミン大佐（後に大統領）がコンゴ国境で金や象牙の密輸に手を染め、首相らも関与している」と爆弾発言をしたため紛糾。議会では調査委員会を設置することを決めたが、オボテ首相は反対派を逮捕して憲法を停止。大統領の権限を強化した暫定憲法を作って、自らが大統領に就任してしまった。

これに対して、ブガンダ議会は「連邦政府は一〇日以内にブガンダ王国内から立ち去ること」と、事実上の独立宣言を行ない、ウ・タント国連事務総長に調停を求めた。もっともウガンダの首都カンパラはブガンダ領にあるので、首都から立ち退けとはいくらなんでも無理な話。五日後にアミン大佐に率いられた部隊がブガンダの宮殿を急襲して、ムテサ二世はイギリスへ亡命、ブガンダ王国は崩壊してしまった。

ウガンダでは他の三王国も一九六七年に廃止され、一九七一年にアミン少将（大佐から昇進していた）がクーデターを起こして恐怖政治を敷いた。一九七九年にアミンが追放された後もクーデターが三回続き政情は混迷したが、その後は安定政権が続いて経済も復興している。

一九九三年にはブガンダやその他三王国の王たちが「伝統的もしくは文化的リーダー」として復活した。ただし王国の復活ではなくあくまで王様だけの復活。王にはある種の特権が認められたが政治上の権限はなく、いわば人間国宝のような扱い。そういえばブガンダの王様の結婚式が日本のテレビ番組で放送されていたが、観光の目玉としての役割も期待されているのかも。

今も生きる十字軍の騎士たちの領土なき国家
マルタ騎士団

■人口（団員）：約一万二五〇〇人（二〇一〇年）／首都（本部）：イタリア・ローマの本部ビル／面積：〇㎢

国家が成立するための三要素とは、「領土、国民、主権」だと定義されているが、そんな常識を覆してしまう「国家」がマルタ騎士団。領土がないのに世界の一〇四カ国と外交関係を結び、大使館を置いたりパスポートの使用が認められている。国連加盟国の数は一九二だから、その半分以上が国家として認めているのだ。さらにマルタ騎士団は国連総会にもオブ

ザーバーとして参加している。

そんなマルタ騎士団もかつては領土を持っていた。中世のヨーロッパには「××騎士団領」というものが各地に存在したが、マルタ騎士団はその名の通りかつては地中海のマルタ島を領有して、もっと以前にはロードス島を中心にエーゲ海の島々を領土にしていた。

マルタ騎士団の起源は、十字軍遠征の前にエルサレム付近に作られたキリスト教巡礼者向けの宿舎兼病院で、巡礼ルートの警備もしていた。やがて十字軍の遠征とともにヨーロッパ各地から騎士たちが集まり、聖地防衛のために尽くしたということで、一一一三年にはローマ法王から聖ヨハネ騎士団として公認される。一三世紀末にイスラム教徒によってエルサレムを追い出されると、とりあえずキプロス島へ逃げて病院を運営しながら、聖地奪還の機会を窺いつつ、イスラム教徒の船を襲撃し、積荷の略奪（つまり海賊）を続けていた。キプロス島では国王に領土を奪われることを警戒され、騎士たちは行動を制限されて悶々《もんもん》としていたが、やがてもっと自由に活動できる拠点を求めて本物の海賊と手を結び、イスラム勢力どころか、東ローマ帝国（ビザンティン帝国）からロードス島を奪って占領し、ここを領土にしてしまう。東方正教会のビザンティン帝国はローマ法王と敵対していたから、騎士団的にはそれでも正義の戦いだったということらしい。こうしてロードス島に拠点を構えた聖ヨハネ騎士団は、ロードス騎士団とも呼ばれるようになった。

やがてオスマン・トルコが勢力を伸ばし、一四五三年にコンスタンティノープルを攻略して東ローマ帝国を滅ぼしたのに続き、アドリア海のキリスト教徒の島々を次々と奪ってゆく。ロードス島の騎士たちも一五二二年に六カ月に及んだ籠城戦の末に降伏。ロードス島から撤退した騎士たちはクレタ島やシチリア島を転々としていたが、彼らに目をつけたのがスペイン国王のカルロス一世だった。当時スペインはシチリア島やイタリア南部、そしてアフリカ北岸の要塞を占領していたが、その中心に位置するマルタ島の防衛を彼らに任せ、「スペインの庭」となった地中海の安全を確保しようとした。こうして聖ヨハネ騎士団は一五三〇年に「年に鷹一羽を献納すること」という格安の条件でマルタ島を譲り受け、ここに新たな根拠地を築いてマルタ騎士団と呼ばれるようになった。

騎士団は一五六五年にマルタを襲撃してきたトルコ軍を撃退して名を上げたが、その後平和な時代になると騎士魂も薄れていき、一七九八年にナポレオンの軍勢が上陸すると、戦わずしてマルタ島を明け渡す。こうして騎士団は再び領土を失い、流浪の身となったが、「国家」としての地位は一八二二年のベロナ会議でヨーロッパ主要国から承認された。この時すでにマルタ島はイギリスがフランスから奪っていたが、イギリスはせっかく手に入れた地中海に浮かぶ要塞を騎士団へ返すつもりはなく、その代わりに「国家としての体面」だけは与えてやったようだ。マルタなきマルタ騎士団はイタリアからローマの宮殿と本部ビルを与えられ、ここを拠点として現在も世界各地で「本業」の病院の運営や医療活動を続けている。ローマに建物を持つといっても、バチカン市国とは違って領土として認められたわけではなく、あくまで土地はイタリアのもの。騎士団にはその敷地内での外交特権（治外法権など）が認められているだけで、いわば大使館の敷地と同じような扱いだ。

外交関係を結んでいる国は、カトリックの国々ばかりだろうと思いきや、ラテンアメリカのほかに、アフリカや旧ソ連諸国にも多く、しかも近年はどんどん増え続けている。その一方で日本をはじめアメリカやイギリス、フランス、ドイツ、中国など、世界の主要国といえるような国々は、ロシアを除いて外交関係を結んでいない。騎士団に医療活動をしてもらいたい貧しい国や、紛争で揉めている国が、どんどん外交関係を結んだ結果なのだろうか。

そして国連のオブザーバー参加も、国家としてではなく、「実体あるいは国際組織」としての加盟だ。かつては国連に加盟しない、またはできない国が多く、日本も国連が発足した当初は加盟できなかったし、スイスは二〇〇二年まで未加盟だった。これらの未加盟国もその国や地域についての問題では、討議に参加してもらう必要があるので、「実体」としてオブザーバー参加していたが、一九七〇年代に入ると国連は領土を持たないＰＬＯ（パレスチナ解放機構）についてもオブザーバー加盟を認めるようになった。一方で国際組織としてのオブザーバーでは、アラブ連盟などの地域機関や、経済協力開発機構（ＯＥＣＤ）などの国際機関、赤十字のような国際的なＮＧＯ組織が加盟していたが、一九九〇年代に入ってからは加盟基準が大幅に緩和されて、国連にオブザーバー参加するＮＧＯの数は飛躍的に増えた。マルタ騎士団も一九九四年からオブザーバー加盟したが、これは「医療活動などを行なうＮ

GO」として認められての参加だ。

つまりマルタ騎士団の「大使館」は、現実にはNGOの現地事務所なわけで、紛争地では事務所が「外交特権」で荒らされずにすみ、「外交官」は免税であれこれ持ち込めるから、これはかなり便利かもしれない。ちなみにマルタ騎士団の団員（＝国民）は一万二五〇〇人。かつては貴族しかなれなかったが、今ではそういうことはなく、日本人のメンバー（ナイト）もいる。

現在の正式名称はエルサレム、ロードス及びマルタの聖ヨハネ病院独立騎士修道会で、流転の歴史そのままの「国名」だ。

マルタ騎士団では国家として切手やコインも発行し、ローマの本部ビルで購入できる。コインは切手を買うのに使えるのだろうが、マルタ騎士団は万国郵便連合（UPU）に加盟していないので、切手はあくまで収集用だ。

【コラム】敵国内にある軍事領土――グアンタナモ基地

キューバといえばアメリカの天敵。かつてはソ連の同盟国で、ソ連亡き今でもガチガチの社会主義路線をひた走る国だ。ところがそのキューバの中に、れっきとしたアメリカの領土が存在している。キューバ東南部のグアンタナモ湾で、ここにはアメリカ海軍の基地がある。

「米軍基地がアメリカ領なら、日本列島だってアメリカ領だらけでは」と思う人がいるだろうが、日本の米軍基地はあくまで主権や統治権は日本のもので、協定によって基地での治外法権を認めているだけ。しかしグアンタナモ湾一帯の一一六㎢はアメリカの永久租借地で、租借期間中はキューバの主権は停止されているのだ。

かつてキューバはスペインの植民地だったが、一八九八年の米西戦争でスペインが敗れ、一九〇二年にアメリカの保護下で独立した。グアンタナモ湾の租借協定はこの時に結ばれた。しかしキューバは実際にはアメリカの植民地になったようなもので、一九〇六〜〇九年と一九一七〜二二年には、グアンタナモ湾の米軍基地から出動した海兵隊によって、キューバは占領されてしまう。

その後もアメリカに支えられた独裁政権が続いていたが、一九五八年末のキューバ革命でカストロが権力を握ると、経済を支配していたアメリカ資本の企業や農場を接収したため、アメリカとキューバは犬猿の仲となり、キューバはソ連に急接近。一九六二年にはソ連がキューバに核ミサイルを配備しようとして、アメリカとあわや核戦争か、という事件（キューバ危機）にまで発展した。

キューバも自国内の米軍基地を黙って見過ごしていたわけではなく、給水をストップさせて追い出そうとしたが、アメリカはハイチから船で飲料水を運んだり、海水の淡水化工場を作って居座り続け、キューバに年間四〇八五ドルの租借料を払い続けている（キューバ政府は受け取りを拒否）。

最近では米軍がアフガニスタンで拘束したアルカイダメンバーの容疑者をグアンタナモ基地に収容して取り調べを続けている。かつて世界各地で「反米ゲリラ支援国家」として名を馳せたキューバは、これを大々的に非難するかと思えば、カストロの口調はおとなしく、そろそろアメリカと関係改善を狙っているのでは、ともいわれているようだ。

このほか、外国軍の基地がそのまま外国の領土になっているケースには、キプロス島の英軍基地がある。キプロスは元イギリス植民地で、一九六〇年に独立したが、二カ所の基地はイギリス領のまま残されて、現在でも植民地だ。これはキプロスが独立した当時、イギリスはまだ大英帝国の栄光にすがり続けるだけの気力があって、エジプトのナセル大統領によってスエズ運河から追い出された後も、イギリス軍は拠点をキプロス島に移して中東やアジアに睨みを効かせようとしていたため。

キプロスでは一九七四年に内戦が勃発して、北のトルコ系国家と南のギリシャ系国家に分断されたが、この時に大統領はじめ多くの国民が「安全地帯」のイギリス領に逃げ込んで命拾いをした。南北の境界線上に位置する英軍基地は、双方の緩衝地帯の役目も果たしているので、イギリス軍は撤退するわけにはいかなくなってしまったのだ。

第五章 かつてはあったこんな奇妙な国・地域

大国のエゴが生んだ二〇〇万人の犠牲者

ビアフラ共和国

■人口：一三五〇万人（一九六七年）／首都：エヌグ→臨時首都ウムアヒア（六七年末）→臨時首都オウエリ（六九年）／面積：不明

「ビアフラ」と聞いてピンと来るのは、おそらく五〇歳以上の人。凄惨《せいさん》な紛争地帯といえば、一九六〇年代後半だと一にベトナム、二にビアフラ。当時日本では『フランシーヌの場合』という歌が流行っていたが、これはベトナムとビアフラの戦争に抗議して、パリの街角で焼身自殺した女性を題材にした歌だった。

ビアフラは、現在のナイジェリア東部に二年半だけ存在した国で、第二次世界大戦後、世界各地で起きた独立紛争の中でも、最も悲劇的なケースだといわれている。犠牲者の数は当時のビアフラの人口一三五〇万人のうち二〇〇万人で、そのうち大部分が子供を含んだ餓死者だった。いったいなぜこんな結果になったのか。

現在、ナイジェリアは人口一億五〇〇〇万人でアフリカ最大の国。二五〇以上の雑多な民族で構成されていて、三大民族のうち北部のハウサ族はイスラム教徒の遊牧民、西部のヨルバ族はイスラム教徒の農耕民、東部のイボ族はキリスト教徒の農耕民で商業も盛んと、文化的にはまったく異なり、一九六〇年にイギリスから独立すると、地域や部族間の対立が激しくなっていった。

そしてついに一九六六年にハウサ族がクーデターで実権を握り、連邦政府や各州の高官を解任した。これに対抗してイボ族の将校がクーデター未遂事件を起こすと、北部に商人などとして定住していたイボ族への襲撃事件が相次ぎ、多くの難民が東部州へ流入した。東部州政府は連邦政府にイボ族襲撃事件の真相究明を求めるが実行されず、東部州が連邦政府への納税を拒むと、今度は連邦政府が東部州への経済封鎖を実施して対立がエスカレート。一九六七年五月に、東部州政府はついに「ビアフラ共和国」として独立を宣言し、これを認めない連邦政府が宣戦を布告して戦争が始まった。

緒戦では勢いに乗ったビアフラ軍が優勢で、隣の中西部州を占領し、さらにナイジェリアの当時の首都ラゴスに迫ったが、ナイジェリア軍はイギリス、ソ連などの支援を受けて反攻に転じた。一方で開戦当初は小銃や棍棒で戦っていたビアフラ軍も、フランスから武器援助を受けて、一気に戦車隊や航空隊を擁するまでになった。

つまり大国の支援によって戦闘がエスカレートしていったのだが、フランスがビアフラに肩入れしたのは、ビアフラの海岸地帯にはアフリカ随一といわれる豊富な石油資源が眠っていたため。フランスはビアフラに対して正式な国家としての承認はしなかったが、親仏国のコートジボワール（象牙海岸）やガボン、ハイチ、それとタンザニアやザンビアがビアフラ共和国を承認した。

しかし、一九六八年にビアフラの海岸地帯がナイジェリア軍に占領されると、内陸部に追い込まれたビアフラは補給を絶たれて不利になっていく。食糧も魚などのタンパク質や塩の供給が止まり、やがて主食のイモも不足して住民の間に飢餓が広がった。ビアフラ政府は国営農場を作ってイモの増産に取り組んだが、農民が種をまいても収穫前に畑がナイジェリア軍に占領されてしまうというありさまで、成果は上がらなかった。

こうしてビアフラの武器弾薬や食糧、医薬品などは、フランスがガボンを拠点にして行なった空輸作戦で細々と送り込まれる状況が続いた。フランスはビアフラ住民の命を支えたわけだが、逆に見ればとっくに決着がついていたはずの戦争が、フランスの思惑で長引いたともいえる。

ビアフラは首都エヌグが陥落しても、臨時首都をウムアヒア、オウェリと移して抗戦を続けていたが、一九七〇年一月にここも陥落してついに降伏した。

ビアフラ紛争の背景には、イボ族と北部の民族との間の歴史的な怨念があった。ナイジェリア周辺の海岸はかつて「奴隷海岸」と呼ばれ、一九世紀までヨーロッパ諸国にとって奴隷の供給源。真っ先に奴隷狩りの標的にされたのは海岸沿いに住むイボ族だったが、イボ族はやがてヨーロッパ人と手を結び、自ら北部で奴隷狩りを行なってヨーロッパ人に奴隷を売り渡すようになったのだ。

イギリスの植民地時代、キリスト教に改宗して英語教育も進んだイボ族は植民地官吏《かんり》として優遇され、商人としてもナイジェリア各地に進出して経済を握った。こうしてイボ族は他の民族からは「黒い白人」と呼ばれる存在になり、一九六六年のイボ族襲撃事件の要因にもなっていった。

ビアフラ紛争の後、ナイジェリアでは軍事政権が続いたが、「民族和解」を呼びかけて、海外に亡命したビアフラ共和国の高官たちは赦されて帰国した。一九九一年には地域平等をアピールするために、首都が東部・西部・北部の中間地点にあたるアブジャへ移転して、ビアフラ問題はすっかり過去のものになったかと思われた。

ところが一九九九年の民主化をきっかけに、ナイジェリアでは再び民族対立が表面化している。北部では州政府がイスラム法を導入したためにキリスト教徒のイボ族が迫害され、ビアフラの産油地帯では、「石油生産の利益が地元に還元されていない」と不満が高まっている。二〇〇四年秋には「兵力二〇〇〇人」を自称するデルタ人民志願軍が、ビアフラ南部の自治を要求して武装闘争の開始を予告する事件も起きた。

民主化によって上から抑えつける体制が崩れると、地域や民族のエゴが頭をもたげてくるという構造は、イギリス植民地だったナイジェリアが独立した一九六〇年代と同じ。石油生産はナイジェリアの輸出の八八％、政府歳入の七割以上を占めるだけに、ビアフラの分離独立要求が再燃する可能性もありそうだ。

宗教だけで作られた、世界最遠飛び地国家の破綻

東パキスタン

■人口：六九八七万人（一九六九年）／首都：ダッカ／面積：一四万四〇〇〇㎢

植民地時代のインドは三つの国に分かれていた。大部分を支配するイギリス領と、沿岸部に小さな飛び地を確保していたフランス領（ポンディシェリ）とポルトガル領（ゴア）。ではインドが植民地から独立したら一つの国になったのかといえば、やはり現在でも三つの国に分かれている。インドとパキスタン、バングラデシュだ。

ただしバングラデシュが独立したのは一九七一年のこと。それまではパキスタンの一部で、「東パキスタン」とも呼ばれていた。それに対して現在のパキスタンは西パキスタン。東と西はインドを挟んで一六〇〇㎞も離れている。地理的にこれほど隔絶した地域が一つの国になったのは、「イスラム教徒が多い」という共通項があったから。

独立にあたってインドとパキスタンが分かれたのは、宗教対立によるもので、それを背後で煽《あお》ったのがイギリスだった。イギリスの植民地では、住民が団結して抵抗することを防ぐ

ために、民族や宗教などいくつかのグループに分けて分割統治をするのが常套《じょうとう》手段。ある時は一方の、またある時はもう一方のグループを優遇して住民同士の対立を煽っておき、自らは何食わぬ顔をして調整役に回るという芸当は、腹黒紳士といわれるイギリス人の得意技。植民地時代のマレーではこの手法でマレー人と中国人の対立を煽り（後にマレーシアとシンガポールが分離した要因）、キプロスではギリシャ人とトルコ人の対立を煽ったが、インドではヒンズー教徒とイスラム教徒を対立させたのだった。

イスラム系のムガール帝国の下ではイスラム教徒の力が強く、イギリスはこれを抑えるために当初はヒンズー教徒を優遇した。またイスラム教徒はイギリスが作った西洋式の学校を「イスラムの教えに反する」と拒否したため、官吏や医師、弁護士など植民地体制下での地元エリート層は必然的にヒンズー教徒が多くなった。ところが二〇世紀に入ってヒンズー教徒が団結し、ガンジーらに指導されて反英闘争に取り組むと、イギリスは今度はイスラム教徒を優遇し始める。

ガンジーら国民会議派は「統一インドの独立」を訴えていたが、イギリス領のインドでは、ヒンズー教徒が七〇％を占めたのに対し、イスラム教徒は二五％に過ぎなかった。そこでイスラム教徒たちはインドが一つの国として独立すれば、自分たちの権利が侵害されると危機感を覚え、ジンナー率いるムスリム連盟は「イスラム教徒が多数を占める州での自治」を要求していた。

一九四七年にイギリスがインドから撤退を決めると、ヒンズー教徒とイスラム教徒の間で激しい衝突が起き、自治では収まりがつかなくなって、結局イスラム教徒が多数を占める地区はパキスタン（ウルドゥ語で「清浄な地」という意味）として分離独立することになった。この時の混乱で一〇〇万人近い死者と数千万人の難民を出したほか、現在でもカシミール地方の帰属をめぐって、核戦争の潜在的な危機があるとまでいわれる対立が続いている。

カシミールの帰属が問題になっているのは、住民はイスラム教徒が多いのに、カシミールの藩王《マハラジヤ》はヒンズー教徒でインドへの帰属を求めたから。その逆のパターンもあって、インド中部の高原にあるハイデラバードがそれで、ここの住民はヒンズー教徒が大多数だが藩王《ニザーム》はイスラム教徒だった。このためパキスタン側はハイデラバードの領有も要求していたが、一九四八年にインド側が占領して併合した。カシミールのように係争が続いていたら、東パキスタン、西パキスタンに加えて「中パキスタン」が登場していたかもしれない。

さて、こうして建国したパキスタンだが、単に「宗教が同じ」というだけで成立した国だったので、西と東では民族も言語も歴史も違う。さらに面積では西は東の五・五倍も大きいのに、人口では独立当時、西が三三〇〇万人に対して、東は四二〇〇万人と逆転していたから複雑だ。

東パキスタンが位置するベンガル地方は、植民地時代から開発が進んでいた地域で、包装用の麻袋の原料となるジュート（黄麻）の輸出で、パキスタンの外貨収入の七割以上を稼いでいた。これに対して現在のパキスタンである西は、植民地時代にもほとんど統治が及ばなかった地域が多く、中世さながらの部族社会が続いていた地域。中央政府は首都イスラマバードが置かれた西の開発に力を入れたので、やがて東では「自分たちがせっせと稼いだ外貨を、西の開発資金に使われている」と不満が高まっていった。また中央政府は西の言葉であるウルドゥ語だけを国語と定めたため、ベンガル語を話す東の住民は「差別待遇だ」と猛反発した。

パキスタンはインドとの対立のなかで軍事独裁政権が続いたため、こうした東の反発を力で抑えていたが、一九七〇年に民主化が決まり総選挙が実施されると、人口が多い東パキスタンを基盤とするアワミ連盟が勝利する。軍事政権は東主導の内閣を認めるか、それとも従来の体制を武力で維持するかの決断を迫られ、後者を選択した。首都へやって来たアワミ連盟の指導者たちを逮捕し、軍隊を東に派遣して抗議運動を弾圧したため、翌年春に東パキスタンは独立を宣言して内戦が始まった。

内戦は当初、近代兵器で武装した軍を持つ西が有利で、東の独立派はインドに逃げ込んでゲリラ戦を続けていたが、一九七一年末にインドが「大量の難民が流入した」ことを口実に、東を支援して軍事介入すると、パキスタンは二週間足らずで無条件降伏して東の独立を認めた。こうして新たに三〇〇万人の死者と八〇〇万人ともいわれる難民を出して、「ベンガル人の国」という意味のバングラデシュが誕生した。

国土の大半がガンジス川のデルタ地帯にあるバングラデシュは、独立戦争で荒れ果てたうえ、大水害も加わって、一九七〇年代には深刻な飢餓が続いた。唯一の稼ぎ頭だったジュートの輸出も化学繊維に押されて不振になり、一時期はバングラデシュといえば「難民救済募金」をイメージするような国だったが、最近では人件費の安さをウリに工業化（主に縫製）に成功しているようだ。

あったのに、なかったことにされてしまった国

ローデシア

■人口：六八〇万人（一九七九年）／首都：ソールスベリー（現ハラレ）／面積：三九万〇五八〇㎢

ローデシアといえば、一時は南アフリカと並んでアパルトヘイト（人種隔離政策）で世界に悪名を轟かせていたアフリカの白人国家で、現在のジンバブエの場所にあった。南アフリカのように、人種差別撤廃で黒人にも選挙権を与えて黒人国家ジンバブエに変わったのかと思いきや、そうではない。ジンバブエはあくまでイギリスから独立したのであって、ローデシアはイギリス植民地に戻って消滅した。さらに公式には、「もともとそんな国は存在しな

かった」ということになっている。

ジンバブエとは、一三〜一四世紀頃この地で栄えた黒人王国が残した巨大遺跡群の名称から取った国名。一方でローデシアとは、この地に白人植民地を築いたイギリス人セシル・ローズから取った国名。どちらも国のあり方をよく象徴したネーミングだ。

ジンバブエは植民地時代には南ローデシアと呼ばれ、北ローデシア（ザンビア）やニアサランド（マラウイ）とともに、白人が政権を握るローデシア・ニアサランド連邦を結成して英連邦内の準独立国という扱いだった。しかしアフリカ諸国が次々と独立すると、白人が少なかった北ローデシアやニアサランドが相次いで分離独立して連邦は崩壊。イギリスは南ローデシアにも政権に黒人を参加させて独立するよう求めたが、スミス首相率いる南ローデシア政府はあくまで拒否。一九六五年に新国家「ローデシア」の独立を一方的に宣言して、イギリスからの総督を追放してしまった。

当時の人口は黒人三六一万人に対して白人二二万人。南アに倣ったアパルトヘイトを実行して、農業に適した国土の三八％は白人だけに土地所有権を認め、黒人は不毛な土地が大部分な四六％の居留地に押し込まれた。ただしローデシアのアパルトヘイトは南アに比べれば緩く、白人と黒人のセックス禁止法（背徳法）はなく、大学の入学も平等だった。

またローデシアでは黒人の参政権もいちおう認めた。ただし有権者になるには学歴や所得、土地資産について厳しい条件があり、白人有権者九万三〇〇〇人に対して、黒人有権者は一万一〇〇〇人で、大部分の黒人は「学歴と資産がない」という理由で、政治的権利が与えられなかった。

イギリスはローデシアの一方的な独立に対して、国連の経済制裁で外貨獲得源の農作物や鉱物資源が輸出できず、石油も輸入できないから、すぐに音《ね》を上げるだろうとタカをくくっていたが、予測はまったく外れた。ローデシアから海への出口は、鉄道で結ばれた南アとモザンビークだが、南アは白人国家の兄貴分、モザンビークも当時は世界の趨勢《すうせい》に逆らって植民地独立を一切認めないポルトガル植民地だった。かくしてローデシア産の資源や農作物は、南アやモザンビークの港から産地を曖昧にして輸出され続けた。イギリス資本が撤退したことでローデシアでは地元の白人企業が基幹産業を担うようになり、むしろ経済は発展した。

しかし、一九七五年にポルトガルで政変が起きて植民地を放棄すると、ローデシアを取り巻く形勢も変わる。独立したモザンビークは社会主義国となり、黒人主体の独立を求めていたジンバブエ・アフリカ民族同盟（ZANU）やジンバブエ・アフリカ人民同盟（ZAPU）は、モザンビーク国内に拠点を作って武装闘争を一気に本格化させた。首都ソールスベリーはじめ都市部でも黒人の暴動が繰り返され、それらを鎮圧するために、ローデシアの白人男性は通常の兵役のほかに、年に三〜六カ月の特別召集をかけられるありさまだった。

これでは経済も停滞し、白人もヘトヘトになって、一九七九年には国名をジンバブエ・ローデシアと改称して、憲法を改正。黒人にも一人一票の参政権を認め、スミス白人首相に代わって、ムゾレワ黒人首相による政府が誕生した。

ところがこの新憲法では、政府官庁や軍、警察の人事権は白人が多数を占める公務員委員会に握られ、裁判所の判事の任免も白人判事に握られ、上院議員の選出は白人の州知事に握られるといったシロモノ。黒人首相の政府は実権が限られたので、国連もイギリスも新政権を承認せず、反政府ゲリラも武力攻撃の手を緩めない。こうしてローデシアの白人たちもついに実権維持を諦めて、イギリスの調停で停戦が実現。再び新憲法が作られることになった。

新憲法では、今度こそ黒人（選挙による多数派）主体の政権に実権が与えられたが、協定に基づき七年間は現時点での土地所有権や国会での白人優先枠（一〇〇議席中二〇議席）が認められ、白人も一定の既得権が認められることになった。そしてイギリスに「反逆」して独立したローデシア政府と、その後継のジンバブエ・ローデシア政府は「なかったこと」になり、ローデシアはいったんイギリス植民地に戻って、一から独立をやり直すことになった。こうしてイギリスから改めて総督が派遣され、総選挙を経て一九八〇年にジンバブエがイギリスから独立した。

総選挙では、ムガベ率いる社会主義路線を掲げたZANUが圧勝した。首相に就任したムガベはそれまでの過激なイメージを払拭して、黒人と白人の共存した国づくりを訴え、白人の土地を黒人に分け与える農地改革の実施も協定通り凍結すると約束。野党のZAPUと連立政権を組み、大臣に白人を起用し、軍の司令官にも白人を留任させて、国民和解を強調した。アフリカでは独立とともに白人を追放し、農地や企業を国有化して経済を壊滅させてしまうケースが相次いでいたが、それを教訓にしたムガベの現実路線は成功し、世界から賞賛を浴びた。

ところが出だしは良かったムガベも徐々に独裁色を強め、一九八七年に政権協定が切れると白人優先議席を廃止。白人の土地所有は七年どころか二〇年間そのまま認めていたが、命がけで戦った元ゲリラ兵士たちが白人農地を実力で占拠し始めると、これを追認して二〇〇二年には白人農地を接収した。独立時に二三万人いた白人は四万人に減り、外貨獲得源だったタバコ栽培は低迷し、旱魃《かんばつ》やエイズ蔓延も重なって、一九九〇年代半ばまでは成長を続けていたジンバブエ経済は急速に悪化した。二四時間で物価が倍以上になるというありさまで、二〇〇九年初めには、インフレ率は年率六兆五〇〇〇億京垓%（六・五×一〇の一〇八乗%）という「天文学以上」の数字になってしまい、ジンバブエ・ドルは発行停止。代わって米ドルが出回り、物価は落ち着いたものの、失業率は九四%に達している。

ローデシア時代に建設された首都ハラレは、高層ビルが立ち並ぶ近代都市だが、治安の悪さは世界のトップクラスだ。

ネパール人に乗っ取られたヒマラヤのチベット仏教王国

シッキム王国

■人口：二一万人（一九七三年）／首都：ガントク／面積：七二九八㎢

世界地図を見ると、インドと中国に挟まれて、ヒマラヤ山脈にへばり付くような二つの王国がある。ネパールとブータンだが、両国の間はインド領が張り出して、ちょっと不自然。ここには一九七五年までシッキムという、もう一つの王国が存在していた。

シッキムはインドの保護国で、チベットへの玄関口にあたる戦略的に重要な場所だった。ブータンやネパールからも、ヒマラヤ山脈を越えてチベットへ向かう道はあるが、交易のメインルートは昔も今もシッキムだ。

シッキムに古くから住んでいたのはチベット系のレプチャ人だが、一五世紀からチベット人（ブディヤ人）の流入が始まった。当時、チベット仏教界では宗教改革が盛んで、新たに登場したゲルク派（黄帽派）が既存の宗派を堕落していると批判して抗争が始まり、ニンマ派（古宗派）の僧侶や信徒たちがシッキムへ移住してきたのだ。そして一六四二年にチベットではモンゴルの介入でゲルク派の王朝が成立し、ダライ・ラマが政教一致の最高指導者としての地位を確立すると、シッキムではニンマ派の高僧たちが国王を推戴して、シッキム王国が誕生した。

こうして成立したシッキムは、チベット人によるチベット仏教国でありながら、チベットとは微妙な関係にあった。チベット側はシッキムを属国としてみなしていたが、シッキム側はダライ・ラマをチベット仏教全体の権威者とは認めても、政治的には独立を保っていた。一九世紀に入ると、インドを植民地としたイギリスがシッキムにも進出する。クーラーなど存在しなかった時代、インドに赴任したイギリスの高官は、夏の暑さに参ってしまい熱病で倒れてしまう者が少なくなかった。そこで目を付けたのが高原の避暑地として最適なダージリンで、イギリスはシッキムにダージリンの租借を要求するが、チベットが介入して反対。それでもイギリスは一八四九年にダージリンを割譲させたのに続き、一八六一年にはシッキムを保護国にしてしまうが、これに反発したチベットは、ダライ・ラマが「神のお告げ」に勇気づけられて一八八六年にシッキムへ侵攻。しかし近代装備のイギリス軍の前にひとたまりもなく敗走し、一八九〇年にチベットの宗主国である清朝とイギリスがシッキム条約を結んで、イギリスによる支配が確定した。

イギリスはダージリンを茶の栽培地として開発し、農園労働者として勤勉なネパール人の移住を奨励した。こうしてダージリンでは住民の九割がネパール人となり、シッキムでも開拓民として流入したネパール人が人口の七五％を占め、レプチャ人（八％）やチベット人

（一五％）を大幅に上回って圧倒するようになった。

一九四七年にインドが独立すると、イギリスがシッキムと結んだ条約はインドに引き継がれ、シッキムはインドの保護国になった。チベット人による王制に批判的なネパール人たちは、親インド政党のシッキム国民会議派を形成して、地主（主にチベット人）制度の廃止や民主政府の樹立、さらにインドへの併合を主張した。シッキム国民会議派は議会で多数を占め、一九七四年には国王の権限を大幅に縮小する改憲を行なった。

そして翌一九七五年四月、「国王退位を求めるデモ隊に宮廷親衛隊が発砲した」ことを口実にインド軍がシッキムへ侵攻。宮廷親衛隊はたちまち武装解除され、シッキムは翌日インドへ併合されてしまう。インド軍侵攻のニュースは当時秘密にされていたが、アマチュア無線によって世界に知れ渡った。

インドが強引に併合を進めたのは、チベット動乱（一九五九年）や中印戦争（一九六二年）で中国との緊張が高まり、対中国の最前線に位置するシッキムが重要になったこと。そして一九七一年にバングラデシュ独立をめぐる第三次印パ戦争が起きたが、当時パキスタンは中国との友好関係を強化しており、将来再びパキスタンとの戦争になった場合、チベットから中国軍が南下してくることを恐れたようだ。

一方、シッキム国王も中国の介入を恐れて、インドによる併合の不当さを国際社会へ訴えることを断念した。中国政府は二〇〇五年まではインドによるシッキム併合を認めず、中国の地図には「錫金＝シッキム」が独立国のように描かれていた。

インド側は当時、「シッキム国王は酒に溺れて国民の信望を失っていた」「インド訪問時もガンジー首相の会談要請に応じず、カルカッタの寺に逃げ込んでいた」などと、シッキム国王の統治能力に問題があったことをアピールした。ナムギャル国王は、皇太子時代に来日したことがあり「日本女性を妃にしたい」と発言して話題を呼んでいたが、結局インドに留学していたアメリカ女性と結婚。シッキムのアマチュア無線局は、王妃がアメリカと交信したがったために開設したといわれ、時おり国王自身もマイクを握っていたらしい。インド併合後のナムギャル国王は、一足先に脱出していた王妃が待つアメリカへ亡命し、そこで一生を終えた。

さて、シッキム併合の二の舞を恐れているのが同じくチベット仏教国で、インドの保護国のような立場のブータンだ。ブータンでもネパール人開拓民の移住が増え、住民の三五％に達している。

そこで一九八五年に公民権法を制定して、居住歴の浅いネパール人から国籍を剝奪したり、一九九〇年には民族アイデンティティの強化政策と称して、チベット系住民の言葉であるゾンカ語の国語化やネパール語教育の禁止、ブータン流の礼儀作法の遵守や、「ゴ」と呼ばれる民族衣装の着用を義務付ける法律を制定した。

この「ゴ」という江戸時代の農民の服みたいなスタイルだが、チベット系住民が住む北部の涼しい山間部ならともかく、暑い南部に住むネパール人たちは猛反発。たちまち反政府活動が広がり、難民となってネパールへ逃げ出す人が相次いだため、ネパール政府との関係は悪化。国連が間に入って交渉が続いている。

現実に存在していた『冒険ダン吉』の世界
サラワク王国

■人口：四四万人（一九三五年）／首都：クチン／面積：一二万四〇〇〇㎢

――密林を進む探検隊。どこからともなく聞こえる先住民の太鼓と歓声。ふいに襲い掛かる矢や槍の雨。生け捕りにされた探検隊員が、先住民の村へ連行されると、あれビックリ。現われた首長は、数年前に行方不明になった探検隊の一人だった。彼も先住民に生け捕りにされ、殺される寸前に持っていた鏡を太陽に向けてピカリと光らせたところ、鏡を知らなかった先住民たちに「神」と尊敬されて、白人（または日本人）でありながら王になったのでした……。

一昔前までアフリカや南太平洋を舞台にした探検物語では定番の設定で、日本でも『冒険ダン吉』や『ジャングル大帝』で、こういうシーンがあったもの。実は「白人王」が君臨する王国は東南アジアに実在していて、一九四一年末に日本軍の占領で滅ぼされた。ボルネオ島の北西部、現在のマレーシア・サラワク州にあったサラワク王国がそれ。

初代白人王のジェームス・ブルックは、東インド会社の社員の子としてインドのベレナスで生まれた。少年時代は教育を受けるために父親の故郷であるイギリスで過ごし、成長後は東インド会社に就職して海軍少尉になったが、ビルマ戦争で負傷し、悶々《もんもん》とした日々を送っていた。

一八三五年に父が死ぬと、ジェームスは三万ポンドの遺産をもとに帆船ロイヤリスト号を買い、大砲などの武器を積み一〇人の部下を雇ってイギリスを出発、アジアへ冒険の旅に出た。シンガポールへ寄港したジェームスは、総督から当時ブルネイ王の支配下にあったサラワクのラジャ（藩王）へ、イギリス人漂流者を救助したことに対する感謝状とお礼の品を届けてほしいと頼まれた。

それを引き受けたジェームスがサラワクへ赴くと、ブルネイ王の叔父であるサラワクのラジャは、ちょうどダヤク族の反乱に苦しんでいて、ジェームスが反乱を平定してくれたら、サラワクのラジャの地位を譲ると申し出た。ラジャはこれまでも反乱にはさんざん手を焼いていたので、サラワクの統治は他人に任せ、ブルネイに戻って甥の国王を補佐したかったようだ。ジェームスはロイヤリスト号の武器で反乱を鎮圧し、約束どおり一八四一年にサラワクのラジャに即位した。

この時点では、サラワクはまだブルネイの一部で、ジェームスは国王の家臣の一人に過ぎなかったが、やがて実力で領地を広げ、一八四六年には国王を戦争で破り、ブルネイからの独立を果たした。こうしてジェームスは名実ともにサラワクの「白人王」となったのだ。

ジェームスはその後イギリス海軍の協力を得て、海賊討伐に乗り出し支配を固めた。ジェームスの相次ぐ討伐戦争に、イギリス国会では「先住民に対する虐殺だ」と批判の声も挙がったが、一八四七年にイギリスに帰国したジェームスは英雄として国民に迎えられ、ビクトリア女王からはナイトの称号を授かり、オックスフォード大学からは法学博士の学位を贈られたほど。イギリス政府は一八六三年にサラワク王国の独立を承認したが、実はジェームスの希望は独立国の王になることよりも、イギリスの領土拡大のために尽くすことだった。その念願がかなってサラワクがイギリスの保護国になったのは、ジェームスが死んだ後の一八八八年だった。

一八六八年に即位した二代目のチャールズ・ブルック王はジェームスの甥で、牧師の家庭で育った教養人だった。彼は初代王の「勇王」に対して「賢王」といわれ、法律制度や議会、地方行政などを整え、農場開拓など産業の育成を図った。三代目のヴァイナー・ブルック王は、幼少の頃からイギリスへ送られて育った。ケンブリッジ大学を卒業してサラワクに戻り、一九一七年に王に即位したが、サラワクでの生活よりもイギリスでの暮らしを好み、サラワクに滞在していたのは一年のうち冬の半年間だけだったようだ。

サラワク王国はイギリスから外交を除くすべての権限を与えられ、王がすべてを決定する専制君主制だった。というと、白人王が強権で先住民を支配していたようなイメージだが、歴代の王は先住民との関係に気を使い、「文化が進んだ少数のヨーロッパ人のために、先住民の利益を犠牲にしてはならない」を統治方針に掲げて、イギリス資本の進出による開発には消極的だった。王の諮問機関として、政府高官や先住民の長老からなる最高会議と、国民会議があったが、どちらも先住民の議員の数がイギリス人議員の二倍だった。司法制度も王が率いる裁判所のほか、中国人裁判所と先住民裁判所があり、それぞれの民族の慣習に基づいた審理が行なわれていた。

一九三五年のサラワクの人口は四四万人で、うち欧米人は官吏や宣教師などわずか四〇〇人弱。大部分はダヤク族などの先住民で、ほかに農場労働者として移住してきた中国人が八万五〇〇〇人で商業の実権も握り、海岸にはマレー人の漁民や農民が五万人住んでいた。またサラワクには日本資本の日沙商会が経営する大規模なゴム園があり、沖縄からの移民が数百人住んでいた。

サラワク王国では先住民から人頭税は徴収していたが、財政を支えていたのは、税収の大部分である関税や特産品であるツバメの巣の輸出税、中国人労働者が吸うアヘンの専売収入や、国有地にしたジャングルの森林伐採収入などだった。

太平洋戦争の勃発とともに、サラワクには日本軍が上陸してたちまち占領し、白人王はオーストラリアへ亡命した。戦争が終わってヴァイナー・ブルック王はイギリス軍が占領したサラワクへ戻ってきたが、この時すでに七〇歳。先進国での生活に慣れた王には、戦乱で荒廃した王国を再建する気力はなく、翌年統治権をイギリス政府へ売り渡した。サラワクは北ボルネオ（現在のサバ州）とともにイギリスの直轄植民地になった後、一九六三年にマレーシア連邦の一部になった。

サラワクの州都・クチンには、かつて白人王が君臨した王宮や、チャールズ王が建てた博物館があり、「先住民を従えて文明をもたらした白人王」の物語に憧れる欧米人観光客で賑わっている。一方、かつてサラワク王国と北ボルネオ会社に挟み撃ちにされて領土を奪われ、ほんの狭い一角に押し込められてしまったブルネイはといえば、最後まで残った場所が沖合から石油や天然ガスがふんだんに出るオイシイ部分だったわけで、現在では世界有数の金持ち国だ。

国家ぐるみで行なった、民営化という名の搾取

北ボルネオ会社領

■人口：二七万〇二二三人（一九三一年）／首都：サンダカン／面積：約七万五〇〇〇㎢

いつの頃からか、世界的に「民営化」がすっかりトレンドになっている。日本でも国鉄や電電公社、専売公社はもはや死語。「いっそのこと、政府をまるごと民営化したら?」と言う人がいるかもしれないが、いくらなんでもそこまでは無理。政府なら福祉や教育とか金にならない事業もやらなければならないし、住民だって民間職員の裁判官に裁かれたり、民間企業のお巡りさんに捕まったりするのはイヤなものだ。

しかし過去には「会社統治領」が世界のあちこちに存在していた。もっとも主権はあくまで国家に属していて、会社が統治を委任されるという形。かつては植民地の支配にあたって、この方法がよく採られていた。植民地なら住民福祉は考えずに、ひたすら利益を上げるために開発すれば良いということだ。

有名なところでは、英仏の各東インド会社によるインド支配や、オランダ東インド会社による東インド諸島（現在のインドネシア）統治など。これらは、当初は貿易独占の特許を得

ただけの貿易会社だったが、貿易を独占するためには、点（港）の確保だけではなく面（後背地）の支配も不可欠。こうして現地を征服したり、他国のライバル会社の貿易拠点を襲うために、軍事力を擁し、植民地を確保した後は、行政権のみならず警察、徴税、司法権も与えられた。しかし、広大な植民地を維持するには軍事費の負担が重くのしかかるようになり、会社の経営は破綻。一八世紀後半から一九世紀にかけて、これら東インド会社は次々と解散し、植民地統治は国家が引き継ぐことになった。

東インド会社のほかにも、二〇世紀初めまでアフリカや南太平洋に会社経営の植民地がいくつかあったが、最後まで残ったのがイギリスの北ボルネオ会社領だ。北ボルネオとは、現在のマレーシアのサバ州のこと。ボルネオには一七世紀からオランダが、次いでイギリスが進出して争っていたが、一八四二年の協定で北部をイギリスが、南部をオランダが支配することで合意。イギリスはまずラブアン島に拠点を築いて北ボルネオへの進出を本格化させた。

当時ボルネオ島の北部を支配していたのは、ブルネイやスールー諸島（現在のフィリピン南部）のスルタンだったが、一八五五年にはアメリカ人がブルネイのスルタンからボルネオ島の北端を租借して、米華商会を設立。中国人労働者を導入して農園を作ろうとしたが、本国からの経済的支援を受けられず、中国人労働者のほとんどが死亡して撤退していた。その後、イギリス人アルフレッド・デントが設立した北ボルネオ会社が、一八七八年にそれを引き継いで、スルタンから北ボルネオ全体の租借に成功した。こうして北ボルネオは一八八八年に、サラワク、ブルネイとともに正式なイギリスの保護領となった。

北ボルネオ会社には、イギリス国王から外交を除いたあらゆる統治権が与えられた。閣議に相当するのはロンドン本社で開かれる重役会。現地には重役会が任命してイギリス植民地大臣が承認した総督（支配人）が派遣され、総督は行政機関を率いるほか、官吏九人と民間人五人（業界団体代表が選出し、重役会の承認を経て総督が任命）からなる立法評議会の補佐によって法律を制定した。また総督は大審院長を兼任して裁判所を率いたが、裁判官の任命にも重役会の承認が必要だった。ただし先住民同士の訴訟は、先住民の慣習に基づいた「土人法令」によって酋長《しゅうちょう》裁判所が担当した。また北ボルネオ会社には警察や巡憲隊という軍隊もあり、国立銀行を設立して通貨も発行した。

北ボルネオの輸出品は、木材や天然ゴム、煙草、コプラ（椰子《やし》の果肉を乾燥させたもの）、そして中華料理でおなじみのツバメの巣など。北ボルネオ会社は産業振興のために、よく働く中国人を集めようと、中国からの移住希望者や家族の呼び寄せには片道乗船券を無料でプレゼント。こうして農場労働者や商人の多くは中国人が占めるようになったが、日本からの移民も少なくなかった。

明治から大正にかけては、日本から大勢の「からゆきさん」が渡り、山崎朋子の『サンダカン八番娼館』の舞台・サンダカンは、当時の北ボルネオの首都。昭和に入るとタワオ地区を中心に日本人経営の農場が増え、大ゴム園を経営していた久原《くはら》農場は、後に日産コンツェルン（日立製作所や日産自動車など）の中核的な存在になった。

さて、北ボルネオ会社はどうやって収入を得ていたかというと、鉄道や郵便局の経営による売り上げのほかは、植民地での税収だった。しかしジャングルの奥深くで暮らし、貨幣経済が浸透していない先住民の所得を調べて税金を取り立てていては効率が悪いから、課税対象のほとんどは貿易・商業に対するもので、輸出入関税に次いで多かったのがアヘン販売税。ほかにツバメの巣取引税、土地貸付料、森林伐採料などで毎年大幅な黒字を計上し、イギリスの株主に配当を出していた。

その一方で、行政に関する費用は会社が支出したのだが、教育にはほとんど予算を割かず、一九三七年当時、北ボルネオの学校一三三校のうち公立学校はたったの一七。残りはすべて私立学校で、うち六七校には補助金すら支給しなかった。中国人労働者を呼び集めてアヘンを売り、儲けた金は「教育なんかに使えるか！」というわけで、かなり露骨な植民地的搾取という感じだ。

太平洋戦争が勃発すると、北ボルネオはサラワク、ブルネイとともに日本軍が占領し、会社の資産は接収された。日本の敗戦で北ボルネオ会社は復活したが、戦争で都市や農園は荒廃し、復興には多額の投資が必要となったため、「これでは採算に合わない」と一九四六年に会社は統治権をイギリス政府へ返上。こうして世界最後の会社経営植民地は幕を閉じた。

北ボルネオはイギリスの直轄植民地になった後、サバ州として一九六三年にマレー半島のマラヤ連邦やシンガポール、ボルネオ島のサラワクと合併して、マレーシア連邦を結成した（ただしシンガポールは二年後に分離独立）。歴史的な経緯から、サバ州とサラワク州はマレーシアの中で高度な自治権を持ち、現在でも入国審査は別々にやっていて、マレー半島とサバ、サラワクを行き来する場合にはマレーシア人でもパスポートが必要になっている。

アホウドリの絶滅危機が生んだ日本の会社統治領

大東諸島

■［南大東島］人口：一三五九人（二〇一〇年）／面積：三一㎢
■［北大東島］人口：五六一人（二〇一〇年）／面積：一二㎢

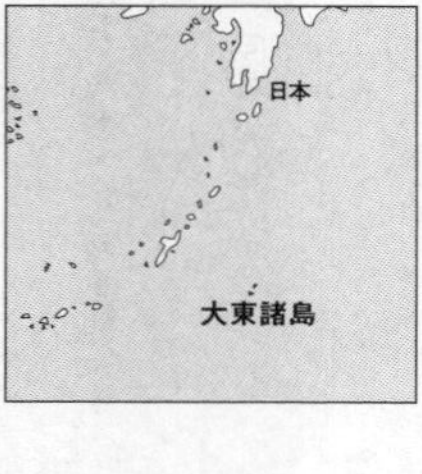

北ボルネオと同じく、日本国内にも戦前まで特定の会社が統治していた地域があった。もちろん主権は大日本帝国にあったが、市町村は設置されず、行政はすべて会社にお任せというもの。日本の南の果てに浮かぶ南大東島や北大東島だ。

大東諸島はもともと無人島で、明治政府にさまざまな「開墾願」が出されたが、島の周りは断崖絶壁で囲まれ、船で向かっても上陸できずに相次いで断念。一九〇〇（明治三三）年にようやく玉置半右衛門が八丈島出身の開拓移民二三人を南大東島へ上陸させることに成功した。

なぜ八丈島出身者かというと、半右衛門が八丈島出身で、大東諸島の開拓の前に八丈島から鳥島へ移民を送り込み、大成功していたから。半右衛門は若い頃、大工見習いとして横浜の外国人居留地で働き、その時外国人たちが羽毛の布団を使っているのを目撃。後に小笠原の父島開拓に参加したが、もっと南にアホウドリがうじゃうじゃいる島があるという噂を聞き、「アホウドリを片っ端から捕まえて羽毛を外国に輸出したら大儲けできるのでは」と閃いた。そして一八八八（明治二一）年、八丈島からの移民を連れて鳥島に上陸し、思った通りの成果を上げた。

アホウドリは人間が近寄っても逃げようとせず、手づかみでホイホイ捕まえられる。鳥島では一五年間で五〇〇万羽ものアホウドリが捕獲され、半右衛門は巨万の富を築いたが、やがて乱獲のためにアホウドリは絶滅に近い状態へ追い込まれてしまった。

そこで半右衛門は鳥島を漁業中心に変え、遠洋漁業の漁場を探す途中で南大東島を見つけ、次はここを開拓しようと決意。こうして南大東島でサトウキビの栽培を始め、一九〇三（明治三六）年には北大東島へも移民を送り、こちらではサトウキビの栽培に加えて燐鉱石の採掘も行なった。

大正時代には南大東島と北大東島の人口はそれぞれ二〇〇〇人を超えたが、島の住民は三種類に分かれていて、ピラミッド型の階級社会を形成していた。最上位に位置するのが玉置商会の社員で、その下は土地を貸し与えられた「親方」と呼ばれる八丈島出身の小作農たち。そして最下層は親方に雇われた「仲間」と呼ばれる沖縄出身の出稼ぎ労働者だった。

南大東島や北大東島には市町村は設置されず、「糖業地」として玉置商会が行政運営を行なった。具体的には道路建設やゴミ収集などは玉置商会が行ない、学校や診療所も玉置商会が経営。郵便は玉置商会を経由し、外部から島へ手紙を出す時は宛て先を「大阪郵便局気付」と書いて、大阪から島まで玉置商会の船が運ぶ仕組み。さすがに警察権までは与えられず、玉置商会が政府に金を払って巡査を派遣してもらっていた。また役場がないので、島で住民登録はできず、住民票や戸籍は八丈島や沖縄本島などに残したままだった。だから結婚や出生、死亡届などは玉置商会に託して八丈島などの役場に届け出なければならなかった。また島では住民税を払う必要はなかったが、島民は玉置商会へ小作料を納めているから同じこと。島民が作ったサトウキビは玉置商会以外に売り先はなく、島内の商店もすべて玉置商会が経営していた。また島では玉置商会が独自の玉置紙幣（物品引換券）を発行していて、サトウキビの買上げ代金や労働者への賃金は、すべてこれで支払われていた。玉置紙幣はもちろん島でしか使えない。島から出る時は玉置商会の事務所で日本円と交換できることになっていたが、これは出稼ぎ労働者が勝手に島から逃げ出すのを防ぐ効果もあった。その一方で、会社に反発的な住民には退島命令を出して島から追い出すことも行なわれた。

このように、玉置商会は大東諸島の行政だけでなく、金融や経済も支配した。それでも半右衛門が健在だった時期は、島民たちとの間に精神的な繋がりがあったので何とか丸く治めていたが、一九一〇（明治四三）年に半右衛門が死亡すると玉置商会の経営は傾き、一九一六（大正五）年に南大東島と北大東島は東洋製糖に売却され、一一年後には大日本製糖が東洋製糖を吸収合併、大東諸島は本格的に一企業によって支配されるようになった。大日本製糖は会社が島のすべてを支配するシステムを「わが国において他に比すべきものなく特異の事実にして、植民地経営上最も貴重なる参考資料なるべし」と自画自賛していたが、島民たちが作ったサトウキビは会社が指定した安い値段で買い叩かれるしかなく、破産して島を引き揚げる者が続出した。

　このような大東諸島の会社統治を覆したのはアメリカだった。戦後、沖縄の一部としてアメリカが占領したが、島に来たアメリカ軍は大日本製糖の社員を追放して、「市町村を作って住民自治を行なうべし」と命令。会社が経営していた商店は村営商店となり、収益は村の財源に充てられた。

　大東諸島の行政は島民たちの手に委ねられたが、新たな問題が発生した。当時アメリカは、琉球人は日本人と別の民族で、虐げられている民族だと考え、沖縄を韓国のように独立させることも検討していた。このため八丈島出身者には「日本人＝外国人」だとして政治的権利が与えられなかった。さすがに「何十年も島に住んでいるのに、外国人扱いされるのはひどい」と反発が相次ぎ、後にアメリカは八丈島出身者に「琉球人への帰化」を認めるようになった。

そしてもう一つは土地所有権の問題だ。島の土地は引き続き大日本製糖の所有地とされ、一九五一（昭和二六）年にアメリカは「会社が再び島に戻って事業を行なっても構わない」と発表した。これに対して島民たちは戦前の会社による植民地的支配に逆戻りすると猛反発し、「大東諸島に入植した時、玉置半右衛門は三〇年間耕したら島民に土地をくれると約束した」とも主張した。もっともこの「約束」は口約束で、証文や契約書として残されたものではなかったが。

土地所有権問題をめぐる島ぐるみの要求は一三年間にわたり、一九六四（昭和三九）年にアメリカの高等弁務官が島を視察し、「土地所有権は住民に帰属するべき」と裁定を下して解決、一九七二（昭和四七）年には沖縄とともに日本に返還され南と北の大東島は名実ともに普通の島になった。

現在の島の人口は、南が約一四〇〇人で北が約五五〇人。開拓以来の歴史を反映して、島の言葉や風習は沖縄と八丈島がチャンポンになっているとか。

人を食う島民に手を焼いた英仏が、共同統治した島々
ニューヘブリデス諸島

■人口：九万九五〇〇人（一九七七年）／首都：ポートビラ／面積：一万二二〇〇㎢

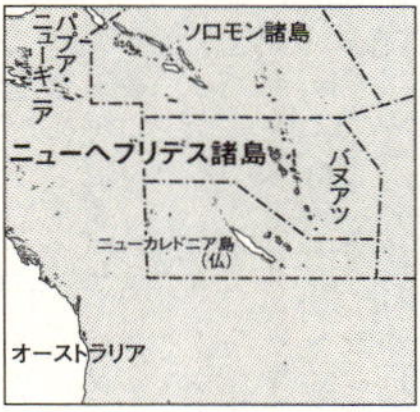

オーストラリアの東側にあるバヌアツ共和国は、南北八〇〇㎞の範囲に約八〇の島が散らばる国。日本ではその名も「エロマンガ島」という島に注目が集まったりするが、一九八〇年に独立するまでは英仏共同統治領ニューヘブリデス諸島と呼ばれ、イギリスとフランスが一緒に支配していた珍しい植民地だった。

ニューヘブリデス諸島へ最初に上陸した西洋人は、一六〇五年にここを訪れたスペイン人だが、一九世紀に入って島で白檀の木が発見されると、イギリスとフランスの商人や宣教師が相次いで上陸し、支配権を争うようになった。当時は植民地争奪戦の真っ最中だったから世界中で同じような争いが起きていたのだが、ここではサトウキビの農園を経営していたイギリス人たちが、季節労働者の雇用に関するイギリス政府の規制に反発して、フランスへの併合を求めるというおかしな事態が起きていた。

そこで英仏両国は一八七八年に「お互いにニューヘブリデス諸島の独立を尊重する」とい

う覚書を交わしたが、独立を尊重するといっても島には先住民たちの部族社会と白人の農園や教会があるだけで政府は存在せず、実質的に無政府状態が続いていた。何しろ当時、島民たちには食人の風習があったのだ。南部の島々では食人は戦闘や儀式にまつわるものだったが、北部では「人肉は豚肉より美味」だとされ、販売目的の人間狩りや人間の飼育まで行なわれていたというからスゴイ。一八八四年にフランス人が島民に殺される事件が起きると、「島には犯人を捕まえる警察がないから」とフランス軍が上陸。イギリスはこれに「覚書違反だ」と抗議し、フランスは「白人の安全を保障しうる警察の設置」を条件に撤兵した。こうして英仏両国は一八八七年に共同海軍委員会を設立して、島の警備にあたることにした。

しかしこの委員会は島民の取締りをするだけで、白人の犯罪に対する権限はないというシロモノ。また住民を保護する法律もなければ行政機関もなく、やっぱり無政府状態が続いていた。このためイギリスはイギリス系住民保護のために島で二人の官吏を任命しようとしたが、フランスが抗議して撤回。一方フランス系住民は自治市役所を設立したが、イギリスが抗議して解散。そこで英仏両国は「太平洋諸島で正規の政府に従属しない国民に対して行政権を行使できる法律」を相次いで制定して、島に住む自国民にはそれぞれの法律が及ぶようにしたが、イギリス人とフランス人との間の争いを調停する場はなかった。

一九〇六年、英仏両国はニューヘブリデス諸島を共同統治領にして、共同の行政機関と裁判所を置くという条約に調印した。この条約によれば、英仏両国の居留民は平等の権利を持ち、両国は島に住むそれぞれの自国民に対して主権を持つとされた。

かくして島にはイギリスとフランスの政庁、それに合同政庁という三つの政府ができた。イギリス人（オーストラリア人やニュージーランド人も含む）はイギリスの政庁が管轄し、フランス人（ベトナム人などフランス植民地からの農場労働者を含む）はフランス政庁が管轄。郵便や通信、税関、衛生、公共工事などは合同政庁が担当した。各島や村にはイギリスとフランスの警察や学校が別々にでき、司法は下級裁判所としてイギリスの裁判所とフランスの裁判所、先住民裁判所が作られ、その上に第三国の裁判長（第三者のスペイン国王が任命）がいる合同裁判所を置いた。

一九三〇年代当時の人口は六万人足らずで、うちイギリス人（主にオーストラリア人）は二七〇人、フランス人は九〇〇人、それとベトナム人労働者が一六〇〇人で、残りは先住民。たったこれだけの人口のために政府を三つも作るのはムダだし、合同政庁もフランス人が局長ならイギリス人が副局長、イギリス人が局長ならフランス人が副局長で、英仏二カ国語を話せる職員は一〇人たらずで、本来なら数分間の打ち合わせで決まることをいちいち書類にして翻訳していたので、何週間もかかる始末だったらしい。

しかしメリット（?）もあったようで、英仏両国以外の外国人住民は自分が好きな政府を「マイ政府」として選択することができた。イギリス人やフランス人でも自分の政府に不満があれば別の政府に乗り換えることも可能。実際にイギリス人農場主の中には「イギリス政庁は外国人労働者の雇用を認めてくれない」と、フランス籍に帰化してしまう者がかなりいたようだ。

戦後、周辺諸島が相次いで独立するなかで、ニューヘブリデス諸島では政治や文化面で混乱が続き、英仏両国の思惑の違いもあって独立が遅れた。島民の中でも英仏どちらの学校に通ったか、またはプロテスタントかカトリックかで、イギリス派とフランス派に分かれて対立が始まった。

一九八〇年の独立にあたって、主導権を握ったのはイギリス派のバヌア・アク党だった。すると北部のサント島では分離独立を要求して暴動が起こる。サント島の独立を求めていたのは、白人による開発反対と伝統文化の復活を訴えるナグリアメルという先住民グループだったが、イギリス派主導の新政府に反発したフランス派島民やフランス人入植者と手を組み、さらに独立後も影響力を残しておきたいフランス政府や、政府が関与しない自由企業を作ることを目的として意のままに操れる「独立国」を探していたアメリカの投資家グループを後ろ楯にしていた。ナグリアメルはバヌアツ独立の二カ月前に、サント島でヴェマラナ共和国の建国を宣言するが、バヌアツが独立すると政府の要請でパプア・ニューギニア軍がサント島に上陸し、分離独立派は鎮圧された。

サント島の分離独立に関わったフランス人入植者たちは国外追放されたが、独立後のバヌアツでは、今も学校教育が英語とフランス語の学校に分かれたままで、イギリス派とフランス派の政権交代が繰り返されている。

日本が思わぬとばっちりを受けた不毛の地
中立地帯

■人口：二万人（一九六五年）／中心都市：カフジー／面積：五六〇〇㎢

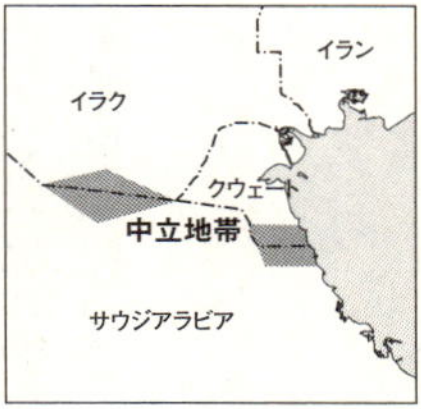

一昔前の世界地図を見ると、サウジアラビアとイラクの国境に「中立地帯」と記された怪しい菱形の一角が載っていた。もう少し古い地図を見ると、サウジアラビアとクウェートの国境にも海岸沿いに「中立地帯」というのがあった。中立地帯とはいったいどんな場所だったのだろう。

アラビア半島の大部分は砂漠で、もともと不毛な砂漠に国境線は存在しなかった。今でもアラビア半島の国境を海岸付近しか書いていない地図がある。定住者は海岸付近やオアシスに住む漁民や農民だけで、砂漠の住民はわずかな草を求めて年中移動を続けている「ベドウイン」と呼ばれる遊牧民だ。こういう地域では土地を押さえても、住民は移動しているから支配できない。その代わり「××族はどこのスルタン（王）に属する」ということははっきりしていた。日本ではムラを単位とした地縁社会だったから支配者はまずムラ＝領地を押さえたが、遊牧民は部族を単位とした血縁社会なので支配者は部族を押さえたということ。では、アラビア半島の「中立地帯」は二つ以上の部族の縄張りが重なっていたから中立地帯になったのかといえば、そういうわけでもない。それだとアラビア半島は中立地帯だらけになってしまうはず。中立地帯ができたのは、サウジアラビア建国の歴史に大きく関係しているのだ。

サウジアラビアとは「サウド家のアラビア」という意味。今でこそアラブの大国だが、王朝自体はそんなに古くはない。サウジアラビア一帯はかつてオスマン・トルコが支配していたが、一九〇二年にイブン・サウドが二〇人の仲間とともにリアド城を奇襲した事件がそもそもの始まり。イブンらは一九一三年にペルシャ湾沿いのエルハサを占領し、第一次世界大戦ではトルコと戦っていたイギリスの後ろ楯で、オスマン・トルコの支配地を奪い勢力を拡大。そして一九二一年にイギリスに独立王国の地位を承認させるとともに、一九二四年から二六年にかけてはアラビア半島西岸でオスマン・トルコから独立したばかりのヘジャス王国を征服して、イスラム教の聖地たるメッカを支配。こうして現在のサウジアラビアが成立したのだ。

一方で、サウジアラビアによってメッカを追われたヘジャス王国のフセイン王は、かつてマホメットを出したクライシュ族の流れをくむハーシム家の当主で、イブン・サウド王が戦乱で成り上がった王様なら、こちらはアラブ随一の名門の出。イギリスが第一次世界大戦後にオスマン・トルコ領だった地域を支配するにあたって、まず目をつけたのもハーシム家。イギリスの委任統治下でフセイン王の次男エミルはヨルダンの国王に、三男ファイサルはイラクの国王に迎えられている。ヨルダンの現国王はフセイン王の子孫だから、サウジアラビアとヨルダンは今でも何かと仲が悪い。

こうして一九二一年にファイサル王のイラク王国が成立したが、ファイサル王が直接「親の仇」ともいえるサウジアラビアと交渉してすんなり国境線が決まるわけはない。そこでイラクを代表して交渉にあたったイギリスが提案したのが、双方の主張が対立する地域に中立地帯を設定することだった。

中立地帯は土地を両国で分割せず、双方が平等に半分ずつの権利を持つというもので、軍事基地は設けず、両国の遊牧民は自由に出入りできるとされた。イギリスの保護国だったクウェートについても、同時にサウジアラビアとの間に中立地帯を設定する条約を結んだ。

当時、中立地帯では石油は発見されていなかったし、定住者も存在せず、雨が降った時に遊牧民が家畜に草を食べさせにやって来る程度だった。だから各国とも中立地帯に対する行政は放置しておけば良かった。ところがサウジアラビアとクウェートの中立地帯では、一九五三年にアメリカの石油会社が陸上でワフラ油田を開発、一九五九年には日本のアラビア石油が沖合でカフジ油田を開発した。それから、日本人やアメリカ人の技術者や、パレスチナ人やレバノン人、ヨルダン人、エジプト人、インド人、パキスタン人などの外国人労働者が住む国際村がいくつも誕生し、無人の砂漠だった中立地帯は人口二万人に達した。

オイルマネーの利益は両国が半分ずつ分ければ良いが、困ったのが行政管理。双方が権利を持つ反面、双方が行政義務を果たすことにもなり、油田の周りには両国の警察や裁判所、郵便局、出入国管理事務所が建てられ、法律も両国のものがどちらも適用された。サウジアラビアの警官に見つかればサウジアラビアの法律で咎められ、クウェートの警官に見つかればクウェートの法律で罰せられるという仕組み。これでは弊害が大きいので中立地帯は解消されることになり、一九六五年に中立地帯は南北に分割されて、それぞれ両国に併合されることで合意、一九七〇年から実施に移された。ただし、石油など天然資源の利権は引き続き双方で平等に配分し、双方の国民は旧中立地帯へ自由に立ち入れることになった。

その後二〇〇〇年になって、サウジアラビアとクウェートは旧中立地帯の石油利権も両国で境界線を定めて分割することにした。金が絡むことははっきりさせておいた方が良いと一般的には思うが、思わぬとばっちりを受けたのが日本だった。

日本にとって中立地帯の海底油田は、日本の資本による自主開発油田として石油の安定供給に大きな役割を果たしてきた。旧中立地帯からの石油は一九九九年の時点で輸入全体の五・四%を占めていたが、その利権を分割したことで、両国は石油採掘権を新たに決め直すことになり、日本はサウジアラビア側では二〇〇〇年に、クウェート側でも二〇〇三年に採掘権を失ってしまった。いやはや、日本人にとって中立地帯の消滅は他人事ではなかったのだ。

一方、サウジアラビアとイラクの中立地帯も一九七六年に分割されて解消した。こちらの中立地帯からは石油は出ないし、サウジアラビアの王家を「親の仇」と見ていたイラクの王家は、一九五五年のクーデターでとっくに倒された後。だから分割交渉はかなりスムーズにまとまったようだ。

たった一つの港湾都市が現代ヨーロッパ史の鍵
ダンチヒ自由市

■人口：四〇万五〇〇〇人（一九三七年）／中心都市：ダンチヒ／面積：一九五二㎢

「自由市」って何でしょう？　関税のかからない港のことを自由港（フリーポート）というから、自由市は税金がタダの都市？　それとも言論、集会、ポルノ、殺人……何をやっても自由な都市？　まさか！

自由市とは、封建領主による支配に属さない都市のこと。領主に代わって市民（実際には商人などの実力者）が自治を行なう都市のことで、中世ヨーロッパにはそのような都市がいくつも存在した。一八七一年に成立したドイツ帝国も、二二の諸侯領と三つの自由市が参加してできたもの。日本でも戦国時代の堺はさしずめ自由市と呼べる存在だ。

さて、第一次世界大戦で敗れたドイツは一九一九年のベルサイユ条約で本国・植民地あわせて多くの領土を割譲させられることになったが、なかでもさまざまな問題を残したのがポーランドへの領土割譲だ。ポーランドに海への出口を与えたために、東プロイセンはドイツ本土から切り離されて飛び地になった。さらに東プロイセン最大の港湾都市・ダンチヒは、ドイツから独立して「自由市」とされた。

ただし中世の自由市と違うのは、「大国の狭間で独立した都市国家になるのでは存続が危ぶまれる」ということで、国連の保護下での自由市になったこと。国連（現在の国際連合ではなくて国際連盟）からは高等弁務官が派遣されたが、内政はダンチヒ自由市憲法に基づいて市民が選出する人民議会が立法権を、市長が率いる元老院が行政権を持ち、外交はポーランド政府が担当、市当局とポーランド側との折衝が難航した時に、高等弁務官が介入した。約四〇万人のダンチヒ住民のうち九六％がドイツ人で公用語はドイツ語だが、関税はポーランドと一体化し、ダンチヒ市が徴収した関税はポーランド政府へいったん納入して、その一部が市へ還付されることになった。

ダンチヒは軍備が禁止されたが、海岸の砲台にはポーランド軍が駐屯し、港はスイス人の委員長の下にダンチヒ市側五人、ポーランド側五人で構成される港務委員会が運営。鉄道はポーランド国鉄と港務委員会で分割して所有し、ポーランド国鉄が運行した。またポーランド側の通信の自由を保障するために、ダンチヒの郵便局とは別にポーランドの郵便局が市内に設置された。

つまりダンチヒは自由市とはいうものの、実質的には国連の公認の下でポーランドが多くの特権を持っていたのだ。

ダンチヒ自由市の誕生は、ドイツにとってもポーランドにとっても不満だった。ダンチヒに住むドイツ系住民の間では不満は少なかったが、ドイツにとってダンチヒの喪失は屈辱と映った。一方、ポーランドにとっては「海への出口を与える」といわれながら、肝心なダンチヒは得られず、割譲された部分は、港もなければポーランド内陸部と結ぶ南北の鉄道もない役に立たない海岸線だった。

ダンチヒ一帯にはもともとポーランド人と同じスラブ系のカシューブ族が住み、一〇世紀頃から王国を立てていたが、一二世紀頃からドイツ人移民が増え、一三〇八年にドイツ騎士団が占領した。しかし一四六六年からポーランド王が統治し、一七九三年にプロイセンが併合。ナポレオンの占領期に自由市になったことがあるが、一八一五年に再びプロイセンが併合した。

つまりドイツがダンチヒを統治したのは約二七〇年間だったのに対して、ポーランドはカシューブ族を含めると六〇〇年以上支配していたわけで、ポーランドにしてみればダンチヒはベルサイユ条約で獲得して当然の領土だった。

ポーランドはダンチヒにさまざまな特権を持つとはいえ、ダンチヒ側と協調できなくては意味がない。例えば一九二〇年にソ連の赤軍がポーランドへ侵入した際、ポーランドは軍事物資をダンチヒ港から陸揚げしようとしたが、ダンチヒ港の港湾労働者がストライキを起こしたため輸送できなかったという事件が起きている。

そこでポーランドはダンチヒから北へ一二㎞離れた自国領内に新しくグディニア港を建設して、自国の輸出入貨物をここで取り扱うようにした。このためダンチヒ港の取扱量は停滞し、やがてグディニア港に追い抜かれ、ダンチヒの商工業は衰退してしまう。ダンチヒ側の抗議により、ポーランドは自国貨物の半数はダンチヒ港で取り扱うことを約束したが、その後も高価な商品はグディニア港へ送り、ダンチヒ港へは材木や石炭のような安い割にかさばる貨物が送られるという状況が続き、ポーランドとダンチヒの関係は急速に悪化していった。

ダンチヒでは当初、自由主義政党が市政を握っていたが、経済不振によって市民の間ではドイツへの復帰を求める声が高まり、一九三三年の選挙でナチスが政権を握った。そして一九三九年にヒトラーはポーランドにダンチヒの返還と、東プロイセンへの軍隊通過を認めるように要求し、これが拒否されるとポーランドへ侵攻。こうして第二次世界大戦が始まった。

戦後、東プロイセンはソ連（カリーニングラード）とポーランドで分割され、ダンチヒはポーランド領になってグダニスクと名前を変えた。住民もドイツ人はほとんどが追放されて、代わってポーランド人が移住した。こうしてグダニスクは社会主義国となったポーランド随一の港湾工業都市として発展するが、一九八〇年に起きた食肉値上げ反対のストライキをきっかけに、ワレサ（後にポーランド大統領）率いるグダニスクの造船所労働者たちが、官製ではない自主管理労組「連帯」を結成。共産党の統制を離れた労働組合の誕生は、やがて東欧の社会主義体制崩壊のさきがけとなった。

かくして第二次世界大戦や東欧民主化の引き金となったダンチヒ＝グダニスクだが、旧市街には自由市時代の市庁舎など壮麗な建築物が並び、観光客を集めている。世界遺産に登録しようと試みたが、第二次世界大戦で徹底的に破壊されたものを再建したものなので断念したとか。

超大国と戦い続けた運河国家の一〇〇年

パナマ運河地帯

■人口：三万九〇〇〇人（一九七八年）／中心都市：なし／面積：一六七六㎢

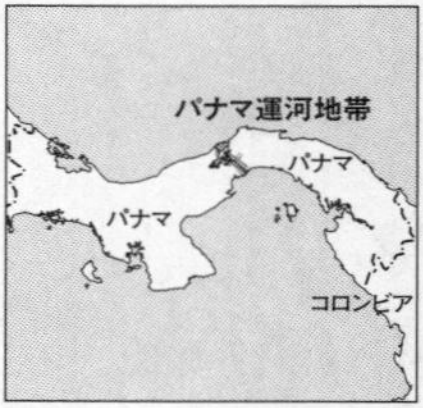

世界の二大運河といえばスエズ運河とパナマ運河。パナマ運河はその名の通りパナマにあるのかと思いきや、一九九九年末まで運河の両岸五マイル（約八㎞）は、「パナマ運河地帯」としてアメリカの租借地、つまりアメリカの領土だった。

アメリカがこの一帯を自国領にすることを狙っていたのは、パナマ運河が完成するよりも六〇年前、一八五五年にパナマ横断鉄道が開通した時からだった。当時アメリカの東海岸から西海岸へ行くには、駅馬車にゴトゴト揺られてロッキー山脈を越えるよりも、いったん船でパナマへ向かい、パナマ横断鉄道で太平洋岸へ出て、再び船でカリフォルニアへ向かう方が、安全かつ大量輸送に適したルートだった。幕末に勝海舟ら江戸幕府の使節団がワシントンへ向かった時にも、この鉄道を利用した。つまり当時のアメリカにとって、パナマ横断鉄道とその沿線は自国の一部にも等しい大動脈で、「自国と同じように支配させろ」という理屈だった。

それにパナマという国自体、アメリカが運河を建設するために独立させた国といっても過言ではない。パナマは多くの中南米諸国と同様に、かつてはスペインの植民地だった。一九世紀初めにスペイン本国がナポレオンに征服されると中南米の植民地は相次いで反乱を起こし、南米北部ではコロンビアが独立した。当時のコロンビアは現在よりも大きな領土を擁していたが、中央集権制か連邦制かで内紛が続き、一八三〇年にエクアドルとベネズエラが分離独立、パナマも三回にわたって独立を宣言したが、そのたびにコロンビアに脅されたり、説得されたりして独立を断念していた。

パナマ運河の建設が着手されたのはこの時代で、最初に着工したのはフランスだった。スエズ運河を建設したフランス人レセップスは、余勢をかってパナマ運河の建設も計画し、一八八〇年に工事が始まった。これを苦々しく思ったのがアメリカで、アメリカはすでにパナマ横断鉄道を開通させ、運河を建設する権利も得ていた。しかしアメリカはコロンビアに鉄道沿線の割譲を要求し、その一方で肝心の運河建設の候補地をニカラグアと両天秤にかけてなかなか着工しようとしなかった。そこで業を煮やしたコロンビア政府はフランスによる運河建設を認めたが、予想外の難工事で、運河予定地の四割まで掘ったところでレセップスの会社は破産し、工事は頓挫《とんざ》してしまう。

一方でアメリカは、一八九八年にスペインとの戦争でカリブ海の島々とフィリピン、ハワイを手中に収め、太平洋と大西洋に領土を広げたことでパナマ運河建設は戦略的に急務となった。そこでレセップスの会社を買い取って再びコロンビア政府と交渉し、一九〇三年に運河地帯の永久租借を含む条約を結んだが、コロンビア国会は屈辱的な内容だとして批准を否決。するとその三日後にパナマでは独立を求める反乱が起こり、鎮圧に向かったコロンビア軍は事前に沿岸で待機していた米軍に阻まれて、パナマは独立を宣言。そして二週間後、アメリカは新たに誕生したパナマ政府と運河条約を結び、運河地帯を「あたかも主権者のごとく」永久に租借することを認めさせた。こうしてパナマ運河はアメリカの手で再び着工され、第一次世界大戦の勃発直後に開通した。

運河地帯ではアメリカが行政、司法の権限を持つだけでなく、パナマ人の居住も禁止され、住民はすべて立ち退かされた。運河沿いにあった首都のパナマ・シティとコロンは、パナマ領として残されたが、アメリカは疫病が運河地帯へ蔓延するのを防ぐため、と衛生行政を握り、必要と認めれば治安出動する権利も得た。

さらにパナマ憲法には、公安や秩序が乱された場合にアメリカがいつでも干渉できる権利が明記され、パナマはアメリカの保護国になった。選挙のたびにアメリカは「混乱が起きる」という理由でパナマへ進駐し、また一九〇四年にはパナマ軍は解散させられて警察隊に再編されてしまった。アメリカの保護国規定と干渉権は一九三六年の条約で撤廃されたが、その後もアメリカがパナマへの介入を繰り返したのは同じこと。最近では一九八九年にアメリカ軍が侵攻して国防軍を解散させ、ノリエガ大統領を麻薬取引に関わったとして逮捕する事件を起こし、世界中を仰天させた。またパナマの通貨は米ドルが採用されてアメリカ経済に完全に組み込まれ、一九四一年に独自通貨「バルボア」を発行したアリアス大統領は三カ月で追放され、現在に至るまで米ドルが使われている。

スペインやコロンビアから独立できたと思ったら、アメリカの実質的な植民地にされてしまったわけで、パナマ一〇〇年間の歴史はアメリカから主権を取り戻す闘いの歴史でもあった。一九五六年にエジプトがスエズ運河を国有化すると、「パナマ運河も続け！」という声が高まり、パナマでも運河地帯にパナマ人が乱入してパナマ国旗を振りかざす「主権運動」が盛んになった。

結局、パナマ運河返還を実現したのは、一九六八年にクーデターで権力を握ったトリホス将軍だった。トリホスは独裁体制を固めると、アメリカ資本が支配していた電力、通信会社やバナナ農園を国有化し、キューバに急接近してアメリカに圧力をかけた。また一九七三年には国連総長に安保理をパナマで開催して「植民地主義の問題とラテンアメリカにおける平和への危機」について話し合うように要望し、これを実現。パナマ運河の返還を国際問題化させることに成功した。アメリカは運河地帯の返還を含めた交渉のテーブルにつかざるを得なくなり、一九七七年にカーター米大統領は一九九九年末までの運河地帯からの撤退と、返還までの間は運河を米パ両国で共同管理することを認めた。

アメリカが運河地帯を手放した背景には、海上輸送がコンテナ主体となって、パナマ運河の重要性が低下したこともあった。コンテナ化によって船と列車との貨物の積み替えが楽になり、アメリカの大陸横断鉄道では海上コンテナを二段重ねに積んで運ぶダブルスタックトレインが登場。アジアからニューヨークへ貨物を運ぶなら、パナマ運河を通るよりロサンジェルスで列車に積み替えた方が時間もコストも削減できるのだ。日本が中心になって建設を進めようとしていた第二パナマ運河の計画も、実現は遠のいてしまったようだ。

「テツ」は国家なりを地でいった満鉄の大陸支配

満鉄付属地

■人口：五一万六六六二人（一九三七年）／中心都市：なし／面積：不明

日本の私鉄沿線で「××王国」とあだ名がつく場所がある。鉄道にバス、デパート、遊園地に不動産と、鉄道会社が地域経済を支配しているという意味だが、鉄道会社が市役所まで運営し、住民から税金まで取っていた地域が存在していた。「満鉄付属地」というのがそれ。満鉄こと南満州鉄道は、戦前の満州（中国東北部）にあった鉄道会社で、日本政府が株式の半分を持つ国策会社。最先端の技術を結集して走らせた特急『あじあ号』が有名だが、駅

の周りには鉄道付属地という地域があり、ここでは満鉄による「絶対的かつ排他的な行政権」が認められていた。要は満鉄が市役所と同じようなことをしていたのだ。

ここで最初に鉄道付属地を作ったのはロシアだった。シベリア鉄道を建設していたロシアは、アムール川以北の自国領内を通ると遠回りになるので、満州を横断してバイカル湖と沿海州を結ぶ鉄道の建設を計画。一八九六年に清朝と条約を結んだ。さらに一八九八年にはロシアが関東州を租借したので、ハルビンで分岐して大連へ至る鉄道も建設した。

ロシアは清朝に対して、これらの鉄道はロシア領同士を結ぶ路線だから、ロシア国内の鉄道と同じように管理させろと要求し、「絶対的かつ排他的な行政権」を持つ鉄道付属地の設定を認めさせた。これは本来、鉄道の建設や運行に必要な敷地の土地管理権のことだったが、ロシアは徹底的に拡大解釈して、鉄道警備のための軍隊の駐留権や警察権、徴税権、通信権、インフラ整備や衛生、教育、事業認可などの行政権と、ほとんど自国の領土と変わらないようにしてしまった。

そしてその鉄道付属地も、駅構内や線路など鉄道用地だけでなく、ロシアはこれも拡大解釈して、機関車が使う石炭を掘るための炭坑や、枕木を作るための森林、砂利を掘るための河原など、あちこちの土地を付属地にしてしまい、さらに「鉄道の利用促進のため」と、駅の周りの一等地も鉄道付属地に指定してしまった。

さて、日露戦争でロシアに勝利した日本は、ロシアから関東州（大連）の租借地を得るとともに、長春（新京）〜奉天（現在の瀋陽）〜大連間の鉄道を獲得し、一九〇六年に満鉄を設立して運行した。翌年には戦争中に日本軍が建設した朝鮮との国境の町・安東（現在の丹東《とう》）〜奉天間の鉄道も、満鉄に加えられた。

　満鉄はロシアから沿線の鉄道付属地も引き継ぎ、「満鉄付属地」と呼ばれるようになった。鉄道付属地は条約に「ここからここまで」という定めがなかったので、中国側との協議なしに拡大を続け、炭坑の町・撫順《ぶじゅん》の付属地は六〇㎢に達したというから日本なら一つの市がすっぽり入ってしまう広さ。沿線の主要都市では、中心部の大半が満鉄付属地となったが、奉天の満鉄付属地は面積一一・六㎢のうち、実際の鉄道用地は七％に過ぎなかった。こうして満州では、都市住民の多くが中国側の管轄が及ばない付属地で暮らすことになった。

　付属地で市役所に相当する行政機関は、満鉄の地方事務所で、小さな町では駅長が担当、つまり駅長さんが「市長」を兼ねていた。満鉄は付属地で道路や上下水道などのインフラ整備や、公園、病院、ホテルなどを建設し、小中学校はもちろん大学（満州医科大学）まで運営したが、そのための費用として住民から税金を徴収した。所得税のほかにも各種の登録税や営業税がかけられ、例えば自転車を購入したら満鉄に届け出て自転車登録税を払う、漫才をやりたければ満鉄に届け出て寄席興行税を払う、風俗店で働きたければ満鉄に届け出て酌婦税を払う――という具合だった。

　治安は満鉄に代わって日本政府が担当し、警察は大連にあった関東州庁が担当。司法は各都市の日本領事館が担当した。この関東州と鉄道付属地の守備のために設置された部隊が関東軍だった。

こうして満鉄付属地は、実質的に日本の植民地のような場所で、満州進出の拠点になったが、一九三一年の満州事変で関東軍が満州全域を占領し、翌年に満州国が建国されると、満鉄付属地は日本にとっても厄介な存在になってしまった。

日本は満州国を「日漢満蒙鮮」の五族協和の理想国家だと宣伝したが、日本人と朝鮮人は日本国籍のままとされ、外国人であるはずの日本人が政府高官の約半分を占めた。しかも日本人高官の人事権は満州国にはなくて関東軍司令官が持ち、日本人高官の数を減らすには日本政府との協議が必要だと規定された。このため満州国は「日本の傀儡《かいらい》国家に過ぎない」と国際的な非難を浴びる。

満鉄付属地はというと、そのまま。満鉄沿線の都市の中心部には、満州国の法律や行政権は及ばず、徴税や学校教育を行なうことができなかった。満州国の官公庁が建ち並ぶ首都新京の一等地を、外国の鉄道会社が支配しているのでは、いくら「傀儡国家じゃありません」と宣伝しても通じない。また日本人の多くは付属地に住み、日本企業の多くも付属地に登記して治外法権を享受し続けた。満鉄は年間三億円の売り上げと五〇〇〇万円の利益を上げ、日本政府へ二〇〇〇万円近い配当を出す一方で、満州国は一億円の税収しかなく、アヘンの専売で歳入を補うという状態だった。

このため一九三七年、日本は満鉄付属地の返還と治外法権の撤廃を行ない、都市の住民も満州国へ税金を納めることにした。しかし日本人に対してはそれまでの特権を尊重して、税金をしばらく五〇～七五％免除した。

また満州国は国籍法を制定せず、日本人と朝鮮人は引き続き日本国籍だった。国家というものは領土と国民、主権があって初めて成り立つものだが、満州国は誰が満州国民かを明確にすることができなかったのだ。もし国籍法を作ると、満州在住の日本人は日本国籍を捨てなければならない。そうすると、せっかく送り込んだ満蒙開拓団も「日本人をやめて満州人になれなんて、話が違う！」と逃げ出しかねないし、関東軍が満州の日本人を徴兵することも不可能になってしまう。国民を定義できなかったから選挙はできず、議会を開設できなかったというわけで、満州国は最後まで日本のご都合主義のまま消滅したのだった。

ここまでやるか、をやってしまった人種差別国家
ホームランド

■人口：不明／首都：ウムタタほか／面積：不明

究極の人種差別として世界的に悪名高かったのが、一九九四年まで続いた南アフリカ共和国のアパルトヘイト（人種隔離政策）。白人と有色人種は法律で居住区が分けられたほか、列車やバスの座席やレストランも分けられ、さらに結婚はおろかセックスまで法律で禁止されてしまった。

日本人は金持ちだったので「名誉白人」という、名誉だか不名誉だかわからないような扱いを受けて白人並みとされたが、中国人は有色人種。でも中華料理はおいしいので、白人政権は中華レストランを「白人用」に指定してしまった。すると中国人は中華料理を食べられないことになり、これではいくらなんでもひどいというので、中国人は中華レストランへの入店に限って白人並みに扱うという奇怪な制度を作った。もっとも後に南アフリカと国交のあった台湾が経済発展したので、中国人も名誉白人に「格上げ」されている。

アパルトヘイトの目的は、少数派の白人が政権を独占して、多数派の黒人を支配するためだった。一九八〇年代の南アフリカの人口は、白人一五％に対して黒人が七三％を占めていた。いちおう「民主主義国」を続けながら白人政権を維持するために導入された具体的な制度が、人種別議会とホームランドの創設。人種別議会は議会を白人議会とカラード（混血）議会、アジア人（主にインド人）議会の三つに分けて、実質的な権限は白人議会だけに持たせるという仕組みだ。

では残る黒人に選挙権を与えないことをどうやって正当化したかというと、南アに住む黒人を部族ごとに作ったホームランドに居住させ、やがてホームランドを南アから独立させて、「外国」にしてしまう。すると黒人は「外国人」なんだから、南ア国民としての政治的権利も社会福祉も与えなくて構わないという論法だ。

こうして一九五〇年代に部族ごとの一〇のホームランドが設置され、黒人たちは住んでいる場所に関係なく、出身部族に基づいてそれぞれのホームランドに所属することになった（もっともこの部族とは、政府がかなり恣意的に決めたもの）。そして一九七〇年代に各ホームランドは自治国となり、学校や病院、警察などを運営して議会が作られた（つまり、黒人たちはホームランドで政治的権利を与えられた）。

この自治国の財政は南アが丸抱えで、法律を制定するにも南アの承認が必要だったが、一九七六年にトランスカイが「独立国」となったのを皮切りに、シスカイ、ベンダ、ボプタツワナの合わせて四カ国が独立した。独立国になるといちおう内政や外交の権限を持ち、独自の軍隊も作られたが、独立したホームランドの「国民」七〇〇万人は南アの国籍を剝奪された。

ホームランドの基礎になったのは、一九一三年に制定された先住民居留地だ。南アへの白人移住は一七世紀からオランダ人（アフリカーナ）が始めていたが、一九世紀にイギリスが進出。イギリス人に追われたアフリカーナは、内陸部にオレンジ自由国やトランスバール共和国を作って抵抗したが、一八九九年から一九〇二年にかけてのブーア戦争で滅ぼされた。

一九一〇年にイギリスの自治領として南アフリカ連邦が成立すると、戦争で荒廃した内陸部を復興させ、アフリカーナたちの不満を解消するために、黒人の土地所有を国土の九％の居留地だけに制限して、白人農場建設のための土地を確保した。

黒人の居留地は一九三六年に一三％に拡大されたが、大部分は農業に適さない荒地ばかり。ホームランドはこれらの居留地を引き継いだので、その領土は点々と散らばる荒地を組み合わせた飛び地だらけだった。

もっともホームランドの国民の多くは荒地に住んでいたわけではない。国民の約半数は、南アの鉱山や農場、都市などに「外国人」出稼ぎ労働者として居住していた。このため南アの都市近郊には、ホームランドとは別に外国人労働者のための居住区があり、ホームランドへは一度も行ったことがないホームランドの国民たちが住んでいた。ホームランドに住む残りの国民も、やはり多くは南アの鉱山や都市へ通勤していた。荒地ばかりのホームランドには多数の黒人の生活を支える産業はなく、独立国といえども経済は完全に南アに依存していた。

さすがにこんなホームランドを独立国として認める国はなく、承認したのは南アだけ。南ア政府はすべてのホームランドを独立させるつもりだったが、ホームランド側も独立を拒否するようになった。ホームランドが国際的な非難を浴びて経済制裁を受けると、南アはホームランドの外に住む黒人の国籍を回復したりしたが、結局アパルトヘイト自体をやめない限り国際社会が納得しないのは当然のこと。かくして一九九四年にアパルトヘイトは撤廃されて、ホームランドも消滅。黒人にも対等の政治的権利が与えられた選挙の結果、黒人のマンデラ大統領が誕生した。

こうして南アには黒人主導の政権が誕生したものの、黒人が政治的に対等となったからといって、経済的にも対等になったわけではない。依然として経済の中枢を占めるのは白人で、所得格差は残り、黒人の失業率は高い。かつてなら黒人たちの経済的不満は反政府闘争に向かったが、今では「黒人が大統領になったのにむくわれない」という失望に変わって治安が悪化。人種別の居住制限がなくなり、旧ホームランドから職のない黒人たちが大量に流入した南アの都市は、世界の犯罪首都（クライムキャピトル）とまでいわれる荒廃ぶりだ。音《ね》を上げたアフリカーナたちは、白人人口が多い地域に民族別居住地域を設定して白人による自治を認めるように求めている。つまり「逆ホームランドを作ってくれ」というわけで、今や立場は逆転してしまった。

ちなみに、ホームランドが存在したのは南アだけではなく、一九九〇年まで南アが支配していた隣のナミビアにも一〇のホームランドが作られた。こちらは「独立国」になったものではなく、四つが自治国になっただけだった。

あとがき

私が小さな国や植民地に興味を持ったきっかけは、中学生の時に父親が働いていた会社の「設立三十周年記念家族招待社員旅行」で香港とマカオへ行った時のこと。もう三〇年近く前の話です。

当時の中国はまだ鎖国政策を続けていて、「竹のカーテン」に包まれた謎の国。マカオの人たちは歩けば半日でひと回りできてしまうような小さな土地に閉じ込められて一生暮らすのかな……と、あれこれ想像して同情してしまいました。ところがガイドさんが言うには「マカオはポルトガルなので、アフリカの旧植民地で採れる金が安く買えます」「二〇万円あれば国籍が買えるので、ポルトガル人としてヨーロッパで自由に暮らせます」「他では禁止されているカジノで潤っているので税金が安いんです」と、植民地ならではのオトクなことがあるそうな。

後に香港の新聞社で働くようになりましたが、当時の香港は中国への返還を控えて、海外への移民がブームでした。といっても、カナダやオーストラリアに移住するという本格的な移民だけでなくて、香港から引っ越すつもりはないのに海外のパスポートをお守り代わりに手に入れるという人が多かったようです。新聞には移民コンサルタントはもちろん、インド洋やカリブ海の聞いたこともないような小国の領事館の広告が連日ズラリと並んでいて、「英連邦加盟国だから信用バツグン」「世界一二〇カ国へノービザで入国可」「簡単手続きで現地へ行く必要なし」「あなたも難民証明書が取得できます」などのキャッチフレーズが踊っていました。

そこで試しにある国の領事館へ潜入取材に行ってみました。「××共和国商務官」の名刺を持って現われた香港人のオッサンは、パンフレットをめくりながら「投資移民コース」「居住権コース」「永久入国ビザコース」などの料金を説明してくれましたが、現地へ移民したらどんな仕事がありますかと質問すると、「えっ、現地に住むの？　何にもない島だよ。せいぜい食堂か床屋を開くくらいじゃない」。

こうやって国籍やパスポートを売り出す小国はたくさんありましたが、本国で、ある日突然クーデターや政権交代が起きて、領事館は突然閉鎖され、それまでに発行したパスポートはすべて無効、国籍はパーとなってしまう事件も相次いでいました。消費者委員会に相談しても「外交問題なのでどうすることもできない」と被害者は泣き寝入り。「領事館商法にご用心」だなんて香港政府が呼びかけていたものです。

日本人にとって、国籍やパスポートの種類なんて、あまり身近な問題ではありませんが、「国」や「民族」、自治や居住権といった言葉の持つ意味の曖昧さに触れてみると、世界各地で起きている民族対立や独立紛争も違った形で理解できるかもしれません。

（二〇〇五年）

文庫版あとがき

交通新聞社から『国マニア』を出版して五年経った。この間、国際情勢はいろいろ変化したが、私自身もいろいろ変化して、二〇〇七年からさいたま市議会議員になった。

香港の新聞社に勤め、ジャーナリストとして植民地支配の実態や、アジア各地の地域紛争や独立紛争などを取材していた私だったが、一〇年ぶりに帰国して故郷・大宮に戻ってみたら、大宮市はさいたま市に変わり、なんと浦和の植民地と化していたのである！

そこで私は「大宮市亡命市役所」を樹立して（ただしウェブ上で）、浦和による搾取や植民地支配の実態を批判し、旧大宮市の分離独立を呼び掛けていたが、インターネットで訴えたところで「ネタ」と思われるだけなので、市議選にも大宮北部（北区）から「浦和優先の行政・予算配分の是正」や「私たちのまち・大宮の自治と独立」を掲げて立候補。〇三年は二五九五票とそれなりに健闘するも落選したが、〇七年には五〇二七票を頂いて当選することができた。〇九年には二万七〇四五票というさいたま市始まって以来の高得票で再選。それだけ抑圧を感じている旧大宮市民が増えているということだろう。

大宮市と与野市、浦和市が合併し、さいたま市が成立したのは二〇〇一年のこと（〇五年に岩槻市を吸収合併）。

日本がバブル経済の絶頂期で浮かれていた頃、「首都移転」の候補地の一つとして名乗りを上げたのが埼玉県だった。国鉄の分割民営化で不要になった大宮操車場の跡地に、新都心を建設し、首都機能を誘致して、「ダサイタマ返上だ！」と意気込み、国の官庁の一部が移転してくることになったが、大宮操車場跡地は大宮市と与野市、浦和市に跨《またが》っていたので、国は「平成の大合併」のモデルにすべく、三市が合併するように要求。まさに国策に踊らされ、住民の意向などおかまいなしに行われたのが、さいたま市の誕生だった。

結局、さいたま新都心に移転してきたのは、三流四流どころの官庁だけで、「就業人口五万七〇〇〇人」の計画は、街開きから一〇年経っても、三分の一の一万九〇〇〇人。それならテレビの地上デジタル放送開始に合わせて、新都心に「さいたまタワー」を誘致しようとしたものの、東京スカイツリーに敗れて失敗した。タワーは花の都の東京にあるから観光客が集まるのであって、わざわざ入場料を払って登っても、住宅街と田んぼばかりが広がるさいたまタワーじゃ、全国の修学旅行生にソッポを向かれるのは確実だろう。

「首都機能移転」などというバブルな誇大妄想がはじけた一方で、合併後のさいたま市で、大宮は惨憺たる現状だ。

旧三市が調印した合併協定書では、さいたま市の市役所はさいたま新都心を候補地に建設すると明記されていたのに、旧浦和出身の市長の下で、合併協定書は無視され、市役所はずっと浦和に置かれ続け、浦和中心・浦和優先の市政運営が続いた。

例えば二〇〇九年度の都市開発予算は、旧浦和市九八億八〇三七万円に対して、旧大宮市は三〇億五五〇一万円と三倍以上の格差。「公共施設の適正配置方針」の名の下に、市民活動サポートセンターや国際交流センターなど中核的な公共施設は浦和にばかり建設され、地域拠点となる複合公共施設の建設も旧浦和四カ所に対して旧大宮は一カ所だけ。

さらに「人の命も浦和優先!」とばかりに、大宮の公的病院や保健所が次々と浦和の方へ移されたり、浦和には県立図書館があるにもかかわらず、市は新たに中央図書館を建て、「大英博物館」的な発想で、大宮や与野、岩槻の歴史遺産・文化資産である地域の郷土資料や美術品をごっそりと奪い去るなど、まさに全てを浦和に一極集中させるための「略奪政治」が続いているのだ。

旧大宮市と旧浦和市は、どちらも人口約五〇万人と同規模で、大宮は首都圏の北のターミナルであり、埼玉県下最大の商業都市として繁栄していた。合併前の税収は、大宮市が浦和市を毎年二〇億円から五〇億円上回り、国から地方交付税を受け取らない健全財政だったのだ。にもかかわらず、市役所を失ったことで都市としての中枢機能を失い、予算も奪われ、お隣の上尾市長から「大宮は真っ暗闇」と言われる始末だ。

では、大宮の繁栄を取り戻すためにはどうしたら良いか？

私が訴えているのは「自治と独立」だ。ダライ・ラマ一四世のように、究極的には独立を目指しつつ、当面の課題として自治権の拡大・実現を求めるという戦術だ。

つまり、浦和の市役所で予算も行政運営もすべて決めるという現状に代えて、さいたま市の「財布」を大宮・浦和・与野・岩槻の旧四市ごとに分け、大宮の税収は大宮で使うという財政的独立と、行政運営も旧四市ごとに分け、大宮の行政は大宮担当の職員と大宮選出の議員、そして大宮住民が話し合って決めるという真の地域主権・都市内分権の確立である。

ようするに、中国返還後の香港で導入された「一国二制度」ならぬ「一都市四制度」というわけだが、合併前の旧市ごとに財布を分けるというやり方（タッチゾーン方式）は、北九州市やつくば市などで導入されたことがあるし、合併前の市町村ごとに「地域自治区」や「地域協議会」を設置して、地域の施策についてはその地域の人たちが話し合うという制度も、平成の大合併のひずみを和らげるために一部導入されている。

そして独立だが、〇七年一二月議会で私が「旧大宮市の分離独立は法的に可能か？」と質問したところ、市は「地方自治法第七条に基づいて可能」「分離の対象となる地域（旧大宮市）だけで住民投票を実施すればよい」と答弁した。

大宮独立は、大宮住民が立ち上がれば、いつでも可能なのである！

世界各地で繰り返し起きる独立紛争は、民族対立や宗教対立に焦点が当てられがちだが、その背景には「自分たちの地域の富は、自分たちの地域のために使いたい」「自分たちの地域のことは、自分たちで決めたい」という当たり前の要求があることが少なくない。『国マニア』の執筆で得た知識を、さいたま市議会でぶつけている今日この頃なのである。

（二〇一〇年五月）

本書は二〇〇五年一二月に、交通新聞社より刊行された。

嘘八百　天野祐吉

明治大正昭和初期、オモシロ広告傑作選！　誰もが知ってるあの商品の名作広告から、爆笑珍品の迷作広告まで。これでおしまい、嘘八百！

ROADSIDE JAPAN
珍日本紀行　東日本編　都築響一

秘宝館、意味不明の資料館、テーマパーク……。路傍の奇跡ともいうべき全国の珍スポットを走り抜ける旅のガイド、東日本編一七六物件。

ROADSIDE JAPAN
珍日本紀行　西日本編　都築響一

蝋人形館、怪しい宗教スポット、町おこしの苦肉の策が生んだ妙な博物館。日本の、本当の秘境は君のすぐそばにある！　西日本編一六五物件。

TOKYO STYLE　都築響一

小さい部屋が、わが宇宙。ごちゃごちゃと、しかし快適に暮らす、僕らの本当のトウキョウ・スタイルはこんなものだ！　話題の写真集文庫化！

賃貸宇宙 UNIVERSE for RENT（上）　都築響一

『TOKYO STYLE』の著者がその後九年をかけて取材した「大したことない人たち」の大したライフスタイル。上下巻テーマ別三百物件。

賃貸宇宙 UNIVERSE for RENT（下）　都築響一

「向上心」など持たないままに、実に楽しく居心地よく暮らす人たち。持ち家という名の首輪から解き放たれた、狭くて広い宇宙がここにある!!

珍世界紀行　ヨーロッパ編
ROADSIDE EUROPE　都築響一

信仰、性愛、拷問、病理……取材一〇年、ヨーロッパ的感性の地下水脈を探して、九九箇所を踏破した珍名所巡礼の記録。

木村伊兵衛　昭和を写す（全4巻）　木村伊兵衛
田沼武能編

昭和の写真史をリードした不世出の名人の貴重な記録。戦前・戦後の人々の暮らし、作家らの肖像、舞台、そして秋田……。「目で見る生活史」の数々。

木村伊兵衛
昭和を写す1　木村伊兵衛
田沼武能編

戦前の「旧満州」、沖縄に始まり、戦中・戦後の人々の暮らし、街の風景、路地など時代の細部に目を配り巧みにとらえた生活の息吹。（川本三郎）

木村伊兵衛
昭和を写す2　木村伊兵衛
田沼武能編

敗戦直後の荒廃した東京の街。まずしく混乱した日々。やがて風景が復活し風俗習慣もよみがえる。新しい時代の活力を伝える傑作。（小沢信男）

木村伊兵衛 昭和を写す3　木村伊兵衛　田沼武能 編

横山大観はじめ四人の画家の肖像、志賀直哉、川端康成など作家の風貌、俳優の表情そして六代目菊五郎の舞台。あふれる充実感。（出口裕弘）

木村伊兵衛 昭和を写す4　木村伊兵衛　田沼武能 編

秋田を知り作風は一段と磨かれた。農村の暮しの克明な記録の中から風雅な香りさえ漂ってくる。幸せな出会いから生れた傑作集。（むのたけじ）

アール・デコの館　増田彰久 写真　藤森照信

白金迎賓館（旧朝香宮邸）は、アール・デコの造形にあふれている！　それに魅せられた二人が案内する、稀代のアール・デコの館。（赤瀬川隼）

ウルトラマンの東京　実相寺昭雄

高度成長のさなかに誕生したウルトラマンと怪獣たち。作品のロケ地をたどりながら、失われた昭和の東京の風景をさがし歩く。（泉麻人）

戦後少女マンガ史　米沢嘉博

二〇〇六年秋に急逝した著者の伝説のデビュー作。戦前からの流れの簡単な解説も付し、一九八〇年までの戦後少女マンガの全てを概観する唯一の通史。

諸国空想料理店　高山なおみ

注目の料理人の第一エッセイ集。世界各地で出会った料理をもとに空想力を発揮して作ったレシピ。よしもとばなな氏も絶賛。（南椌椌）

「長寿食」世界探検記　家森幸男

病気にならない「長寿食」とは？　WHO（世界保健機関）の専門委員として、著者が世界61カ所で調査した結果は？　健康のための食材満載！

京都、オトナの修学旅行　赤瀬川原平　山下裕二

子ども時代の修学旅行では京都の面白さは分からない！　襖絵も仏像もお寺の造作もオトナだからこそ味わえるのだ。（みうらじゅん）

寿司問答　江戸前の真髄　嵐山光三郎

江戸前寿司は前衛であり、アートである。値段と内容を吟味して選び抜いた16店の奇跡の逸品、その味と技術と心意気を紹介。（坂崎重盛）

これで安心！食べ方事典　阿部絢子

農薬が心配な野菜・果物、添加物や汚染の心配な肉・魚・加工品を自分の手で安全にする簡単な方法満載。保存法、選び方もわかる。一家に一冊！

がんがん焼肉　もりもりホルモン　今柊二

まずロースにカルビにタン。コブクロも追加ねー。煙もくもくの中あつあつの肉をほおばればパワー全開、鼻息ふんふん！　特別対談＝辛酸なめ子。

身心をひらく整体　河野智聖

パソコンによる目や頭の使いすぎで疲弊した身心を解放し健康になる方法。野口整体や武術を学んだ著者による呼吸法や体操。（安田登）

間取りの手帖　remix　佐藤和歌子

世の中にこんな奇妙な部屋が存在するとは！　間取りと一言コメント。文庫化に当たり、間取りとコラムを追加し著者自身が再編集。（南伸坊）

整体的生活術　三枝誠

人間の気の回路は身体の内側にのみあるわけではない。健康に生きるため何と関わって生きるかを選ぶことの必要性を説く。巻末寄稿＝甲野善紀

大和なでしこ整体読本　三枝誠

体が変われば、心も変わる。「野口整体」「養神館合気道」などをベースに多くの身体を観てきた著者が、簡単に行える効果抜群の健康法を解説。

至福の本格焼酎　極楽の泡盛　山同敦子

本格焼酎ブームのさきがけとなった名著を、データを最新に改め、泡盛部門を追加。著者厳選の86蔵元、本格焼酎への愛情あふれる一冊。

味覚日乗　辰巳芳子

春夏秋冬、季節ごとの恵み香り立つ料理歳時記。日々のあたりまえの食事を、自らの手で生み出す喜びと呼吸を、名文章で綴る。（藤田千恵子）

味覚旬月　辰巳芳子

料理研究家の母・辰巳浜子から受け継いだ教えと生命への深い洞察に基づいた「食」への提言を続ける著者がつづる、料理随筆。（藤田千恵子）

B級グルメ大当りガイド　田沢竜次

カレー、ラーメンからアンパンまで。元祖B級グルメライターが長年の経験と最新情報をもとにおすすめ店を伝授。居酒屋も駄菓子もあり。必携！

B級グルメ　この町が美味《うま》い！　田沢竜次

元祖B級グルメライターが、東京の町30ヵ所を中心に名古屋、那覇までうまい店をご案内。官庁街や下町～東京西部、観光名所も。絵＝桑田乃梨子

老人力 赤瀬川原平

20世紀末、日本中を脱力させた名著『老人力』と『老人力②』が、あわせて文庫に！ ぼけ、ヨイヨイ、もうろくに潜むパワーがここに結集する。

蛙の子は蛙の子 阿川弘之 阿川佐和子

当代一の作家と、エッセイにインタヴューに活躍する娘が、仕事・愛・笑い・旅・友達・恥・老いについて本音で語り合う共著。（金田浩一呂）

昭和出版残侠伝 嵐山光三郎

老舗出版社を飛び出し、「青人社」を立ち上げた7人の仲間。ニューメディアの躍動する80年代前半を描く、嵐山版出版風雲実録。（岡崎武志）

わたしの日常茶飯事 有元葉子

毎日のお弁当の工夫、気軽にできるおもてなし料理、見せる収納法やあっという間にできる掃除術など。これで暮らしがぐっと素敵に！（村上卿子）

イタリア 田舎暮らし 有元葉子

ミラノでもローマでもない田舎町に恋をして家を買い……。自然と寄り添い、豊かさや美しさとは何かを教えてくれたイタリア暮らしのあれこれ。

古本屋群雄伝 青木正美

東京下町で半世紀にわたり古本屋を営む著者が、文人や趣味人、有名無名の古本屋の先達の姿を追った異色の人物伝。（田村七痴庵）

ときどきイギリス暮らし 井形慶子

イギリスを知りつくし、文化的ギャップの果てに見つけたイギリス、そこでの本当の豊かさに満ちた生活を綴る感動のエッセイ！（河野通和）

大阪 下町酒場列伝 井上理津子

夏はビールに刺身。冬は焼酎お湯割りにおでん。呑ん兵衛たちの喧騒の中に、ホッとする瞬間を求めて、歩きまわって捜した個性的な店の数々。

はじまりは大阪にあり 井上理津子

えっ！ これもあれも大阪から生まれたのか。回転ずし、ビアガーデン、自動車学校などを創造したアイディアと人間模様の面白さを描く。

人生相談万事ＯＫ！ 伊藤比呂美

恋、結婚、子育て、仕事……体験豊富な著者が答える笑って元気になれる人生相談。文庫版付録として著者が著者自身の悩みに答える。（枝元なほみ）

ぼくの浅草案内　小沢昭一

当代随一浅草通・小沢昭一による、浅草とその周辺の街案内。歴史と人情と芸能の匂い色濃く漂う街を限りない郷愁をこめて描く。（坪内祐三）

既にそこにあるもの　大竹伸朗

画家、大竹伸朗「作品への得体の知れない衝動」を伝える20年間のエッセイ。文庫では新作を含む木版画、未発表エッセイ多数収録。（森山大道）

わたしは驢馬に乗って下着をうりにゆきたい　鴨居羊子

新聞記者から下着デザイナーへ。斬新で夢のある下着を世に送り出し、下着ブームを巻き起こした女性起業家の悲喜こもごも。（近代ナリコ）

これでもかーちゃんやってます　上大岡トメ

少々家が散らかってても、晩御飯が手抜きになってもいいじゃない？　完璧を目指してヘトヘトになるより等身大で子育てを！（あさのあつこ）

生き物を飼うということ　木村義志

気がつけば家中生き物だらけ……。昆虫中年の著者が室内飼育のノウハウを伝授。生き物と暮らす楽しさいっぱいのエッセイ集。（岡田朝雄）

春夏秋冬　料理王国　北大路魯山人

一流の書家、画家、陶芸家にして、希代の美食家でもあった魯山人が、生涯にわたり追い求めて会得した料理と食の奥義を語り尽す。

ねにもつタイプ　岸本佐知子

何となく気になることにこだわる、ねにもつ。思索、奇想、妄想とはばたく脳内ワールドをリズミカルな名文でつづるショートショート。

向田邦子との二十年　久世光彦

あの人は、あり過ぎるくらいあった始末におえない胸の中のものを誰にだって、一言も口にしない人だった。時を共有した二人の世界。（新井信）

私説東京繁昌記　小林信彦　荒木経惟写真

日本橋に生まれ育った著者が、東京オリンピックを境に急激に変貌を遂げた東京を、写真家・荒木経惟氏と歩き綴った極私的東京史。（吉本隆明）

私の猫たち許してほしい　佐野洋子

少女時代を過ごした北京。リトグラフを学んだベルリン。猫との奇妙なふれあい。著者のおいたちと日常をオムニバス風につづる。（高橋直子）

私はそうは思わない　佐野洋子

佐野洋子は過激だ。ふつうの人が思うようには思わない。大胆で意表をついたまっすぐな発言をする。だから読後が気持ちいい。（群ようこ）

神も仏もありませぬ　佐野洋子

還暦……もう人生おりたかった。でも春のきざしの蕗の薹に感動する自分がいる。意味なく生きても人は幸せなのだ。第3回小林秀雄賞受賞。（長嶋康郎）

外人術　佐藤亜紀

外国で友達を作ろうと思うな、美術館になぞ行く必要はない……海外旅行の常識を斬り捨てる、佐藤亜紀流優雅な旅の手引書。（高遠弘美）

陽気な黙示録　佐藤亜紀

メディア、アメリカ、文学、美食……辛口批評で知られる著者が、本音で語りつくしたエッセイ集。単行本未収録作多数。文句のある奴は前に出ろ！

ニガヨモギ　辛酸なめ子

人として、女としてのカルマ（業）を表現する、ニュータイプアーティストのデビュー作。魅惑の妄想マンガが異常感覚へと誘う。（岩井志麻子）

癒しのチャペル　辛酸なめ子

勝ち組か負け組か、の闘いに疲れた人々に必要なもの＝癒し。ガーデニングに健康食品に○○セラピー……仰天現場ルポ。勝ち組セレブ観察も秀逸。

与太郎戦記　春風亭柳昇

昭和19年、入隊三年目の秋本青年に動員令下る！行き先は中国大陸。出撃から玉砕未遂で終戦までの顚末を軽妙に描いた名著。（鶴見俊輔）

出版業界最底辺日記　塩山芳明　南陀楼綾繁編

エロ漫画界にその名を轟かす凶悪編集者の日記。手抜き漫画家、印刷所、大手の甘ちゃん編集者……に、下請けの意地で対抗する〝血闘〟録。（福田和也）

男の花道　杉作J太郎

気がきかず無粋で女心もわからないけれど、純情で爽やかな男たち。男がほれる男の中の男の悲哀が胸に迫る青春記録。（タナダユキ）

昨日・今日・明日　曽我部恵一

「サニーデイ・サービス」などで活躍するミュージシャンの代表的エッセイ集。日常、旅、音楽等が爽やかな文体で綴られる。松本隆氏推薦。

食物漫遊記　種村季弘

画にかいた餅を食べる話、辿りつけない料理屋の話、鯨飲馬食と断食絶食の話などなど、食物をめぐる滑稽譚、怪異譚のかずかず。（吉行淳之介）

書物漫遊記　種村季弘

戦中から焼跡へ、そして都市の迷宮や架空の土地へと読者をいざなう、博覧強記の著者による異色の読書案内、書物の幻想世界への旅。（池内紀）

東京百話　天の巻　種村季弘編

今、熱い関心を呼んでいるワンダーシティ・TOKYOについての名エッセイを全3冊に集成。本巻では事柄別に東京を眺める。（種村季弘）

東京百話　地の巻　種村季弘編

浅草界隈の店々。路地裏。そしていたるところに見られる坂。日本の顔・丸の内。そこには江戸と文明開化の東京が生きていた。（種村季弘）

東京百話　人の巻　種村季弘編

芸者、芸人、職人と、東京をいろどる人々。さらに、大都市ならでは存在しえない奇人変人たち。幽霊も出てくる東京人間模様。（種村季弘）

徘徊老人の夏　種村季弘

行ったきり、も悪くない。むかし住んだ街やひなびた温泉街の路地の奥には、現実と虚構の錯綜した種村ワールドが待っている。（石田千）

遊覧日記　武田百合子　武田花写真

行きたい所へ行きたい時に、つれづれに出かけてゆく。一人で。または二人で。あちらこちらを遊覧しながら綴ったエッセイ集。（巖谷國士）

性分でんねん　田辺聖子

あわれにもおかしい人生のさまざま、また書物の愉しみのあれこれ。硬軟自在の名手、お聖さんの切口がますます冴えるエッセー。（氷室冴子）

つげ義春を旅する　高野慎三

山深い秘湯、ワラ葺き屋根の宿場街、路面電車の走る街……、つげが好んで作品の舞台とした土地を訪ねて見つけた、つげ義春・桃源郷！

つげ義春1968　高野慎三

つげ義春の代表作「ねじ式」。'68年という時代にどのようにして、創作されたのか。つげをめぐる人々と状況をいきいきと描く。（山根貞男）

バーボン・ストリート・ブルース　高田渡

流行に迎合せず、グラス片手に飄々とうたい続け、いぶし銀のような輝きを放ちつつ逝った高田渡の酔いどれ人生、ここにあり。（スズキコージ）

ライフワークの思想　外山滋比古

自分だけの時間を作ることは一番の精神的肥料になる、前進だけが人生ではない——。時間を生かして、ライフワークの花を咲かせる貴重な提案

アイディアのレッスン　外山滋比古

しなやかな発想、思考を実生活に生かすには？　たんなる思いつきを〝使えるアイディア〟にする方法をお教えします。『思考の整理学』実践篇。

アメーバのように。私の本棚　中野翠

動物的嗅覚で蒐集した本満載の中野文学館へようこそ。世の中どう変わろうと、これだけは残したい本を熱い思いをこめてご紹介、文庫オリジナル。

青空人生相談所　橋本治

いじめにあった中学生から、家族に見離されたオトーサンまでの赤裸な悩みに、明日への勇気と活力を与える親身で過激な世紀末人生相談。

これも男の生きる道　橋本治

日本の男には「男」としての魅力がないのか？　「男のありかたを見直すこと、旧来のなれあい関係から脱出すること」により新生する男像とは？

貞女への道　橋本治

現代における「貞淑」を求めて紡ぎだす美しい皮肉に満ちた16章。曰く「貞女の不器量」「貞女の不得要領」「貞女の時期尚早」……。

介護と恋愛　遙洋子

NYの恋人から「帰国する、君に会いたい」という電話があった矢先、父のボケが始まった。深刻、でも笑える、恋と介護の怒濤の日々。（上野千鶴子）

ロッパの悲食記　古川緑波

〈近頃は、専ら食うことに情熱を傾けている〉。戦中・戦後の、食物の乏しい時代に著者がみせた涙ぐましいまでの飽くなき執着心。（古川清）

私の恋愛教室　福田恆存

恋愛を女性や子供だけに委せておいてはいけない、生の最も根源的なものだから。「チャタレイ裁判」の弁護人だった著者ならではの画期的講義。（中野翠）

女たちの荷風　松本哉
荷風と女たちとの邂逅を、当時の資料に丁寧に当たり生き生きと蘇るように描き出す。「愛人一覧表」やそれ以外の女性も多数登場。（清水哲男）

ねぼけ人生〈新装版〉　水木しげる
戦争で片腕を喪失、紙芝居・貸本漫画の時代と、波瀾万丈の人生を、楽天的に生きぬいてきた水木しげるの、面白くも哀しい半生記。（呉智英）

妖怪天国　水木しげる
「古稀」を過ぎた今も締切に追われる忙しい日々をボヤキつつ「妖怪」と聞くだけで元気になる水木センセイの面白エッセイ集。（南伸坊）

笑う茶碗　南伸坊
笑う探検隊・シンボー夫妻が、面白いものを探し求めて東へ西へと駆け巡る！　あまりの馬鹿馬鹿しさに茶碗も笑うエッセイ集。（夏石鈴子）

茫然とする技術　宮沢章夫
かつてこれほどまでに読者をよくわからない時空に置き去りにするエッセイがあっただろうか。笑った果てに途方に暮れる71篇。（松尾スズキ）

いやげ物　みうらじゅん
水で濡らすと裸が現われる湯呑み。着ると恥ずかしい地名入Tシャツ。かわいいが変な人形。抱腹絶倒土産物、全カラー。（いとうせいこう）

カスハガの世界　みうらじゅん
ぶわっはっは！　見れば見るほどおかしい！　でももらっても困るカスのような絵ハガキ。そのめくるめく世界を漫画で紹介。文庫版特別頁あり。

ブロンソンならこう言うね　ブロンソンズ（田口トモロヲ＋みうらじゅん）
人気の著者二人が尊敬する男気のある俳優、チャールズ・ブロンソンならきっとこう言うね！　とお互いの悩みに答えあう爆笑人生相談。特別増補版。

ぜったい好きになってやる！　みうらじゅん
マイブームとなった、とんまつりやゆるキャラなど面白く可愛いものもあれば、恐山、キリストの墓、海女など通好みのものも。著者の魅力いっぱい！

旅の理不尽　宮田珠己
旅好きタマキングが、サラリーマン時代に休暇を使い果たして旅したアジア各地の脱力系体験記。鮮烈なデビュー作、待望の復刊！（蔵前仁一）

ちくま文庫

国《くに》マニア　世界《せかい》の珍国《ちんこく》、奇妙《きみょう》な地域《ちいき》へ！

二〇一〇年七月　十　日　第一刷発行
二〇一一年二月二十五日　第五刷発行

著　者　吉田一郎（よしだ・いちろう）
発行者　菊池明郎
発行所　株式会社　筑摩書房
東京都台東区蔵前二―五―三　〒一一一―八七五五
振替〇〇一六〇―八―四一二三
装幀者　安野光雅
印刷所　中央精版印刷株式会社
製本所　中央精版印刷株式会社

乱丁・落丁本の場合は、左記宛にご送付下さい。
送料小社負担でお取り替えいたします。
ご注文・お問い合わせも左記へお願いします。
筑摩書房サービスセンター
埼玉県さいたま市北区櫛引町二―六〇四　〒三三一―八五〇七
電話番号　〇四八―六五一―〇〇五三

ISBN978-4-480-42725-0 C0125